不要臉，不怕死，這世界就是我的！

鄭匡宇 著

〈推薦序〉
把價值轉譯爲行動

趨勢作家　林奇伯

人生要成功，生活欲享受在理想情境中，積極、樂觀、勇氣等價值是必要的修煉。

但是，知道這個道理的人多，能實踐的人卻很少。因爲「知道」與「實踐」之間常存在著一道迷霧般的鴻溝，能否跨越，關鍵就在於你有沒有把抽象價值「轉譯」爲行動方法的能力。

鄭匡宇的人生故事之所以讀來精采、有魅力，正因爲他擁有這種「轉譯」的天賦；只要他相中了目標，便會設法爲自己搭起數座通往成功的橋梁，而這其中只要有一座橋走得通，最後便能達陣得分。

就像這本自傳式工具書的書名《不要臉，不怕死，這世界就是我的！》所標示的，在鄭匡宇眼中，「不要臉」是他對「積極」的轉譯，「不怕死」是「勇氣」的表現，「世界就是我的」則是對夢想的高度企圖心與樂觀態度。

這本書將議題設定得非常實用，從一般年輕人常面臨的疑惑與難題切入，由鄭匡宇親自上場把自己練成的「轉譯」獨門武功實際演練一遍給讀者看；就像觀看練家子示範拳法訣竅一般，大家馬上就可以依樣揣摩，勝過自己閉門苦思半天。

想把外語學好嗎？鄭匡宇提供一套速成「地獄式學習法」。怎樣積極面對與自己性向不符的學業呢？他建議加強實務經驗，培養競爭力。人脈要如何有效布局？他說，勇敢搭訕是關鍵。

如何讓履歷表突出，面試時贏得青睞，企畫案成眞？鄭匡宇夠直接，把自己的檔案秀出來給讀者看。

也因此，閱讀本書時，我數度爲鄭匡宇捏了大把冷汗，暗暗驚呼：「竟然連這種職場上不可說的潛規則也寫出來！太敢了吧？」

不過，這也突顯了本書的最大特色——不打高空，鄭匡宇把好朋友私下才會傾囊相授的小妙計大方攤在檯面上，提供讀者立即可行的參考。編輯更體心地在每個章節後面設計了「達人錦囊」小叮嚀，相當實用。

我特別喜歡他描述自己如何爭取到韓國大學教職的章節。一個人在對韓語一竅不通的情況下，努力蒐集資訊，積極投遞履歷，並於充滿競爭壓力的面試現場安步當車、精心布局，最後獲得韓國弘益大學的工作機會，整個過程真是不簡單，激勵效果十足。

我已經開始想像，如果鄭匡宇親自當我的「地獄式學習法」韓語家教，我要在三個月內不靠字幕就看懂韓劇，應該也不是不可能的事吧？當然，這只是我的夢幻目標，你也可以有屬於自己的。

總是受苦於有想法、沒作法，有激情、沒勇氣嗎？看看這本《不要臉，不怕死，這世界就是我的！》吧，或許你也可以找到屬於自己的人生價值轉譯功夫。

〈自序〉不要臉、不怕死，只爲一圓我的夢

每個人在很小的時候，一定都有夢。

千萬別說你沒有，你一定有，只是一路的挫折、周遭親友的打擊、社會大環境的低氣壓，讓你不敢想、不敢說，以爲自己就是個「平凡人」，既然是平凡人，那還是接受平淡，不要再想東想西、免得日後壯志未酬，徒受傷害……

問題是，老天在創造這個世界的時候，似乎早就設定好了遊戲規則，那就是：成功與快樂，都是屬於那些敢嘗試、想冒險、越挫越勇與堅持到底的人。什麼都不做，的確不會受傷害，但同樣也代表了原地踏步，一事無成。

我的夢，就是成爲所謂的國際人才，在不同國家體驗文化、居住生活，而且

不僅僅是在當地居住生活，更要成爲社會的頂尖分子、人中龍鳳！爲了一圓這個夢，沒有任何背景和特殊資源的我，靠著自己的努力，不斷地累積實力、邁向自己的目標，期間支持著我的，是一種「不要臉加不怕死」的精神。我總是告訴自己，我本來就什麼都沒有，人生短短七八十載，只要做越多、體會越多，就「賺得」越多。

在這種精神的支持下，我除了寫書創作之外，許多人不知道的是，我還同時在韓國的弘益大學教養科（相當於台灣的通識教育）擔任教授漢語的工作。其實，在前往韓國任教以前，我曾經在台灣的實踐大學應用英語系擔任過一年的兼任助理教授，而工作前，我在美國攻讀博士學位。讀博士的那五年，除了向學校毛遂自薦擔任中文助教（TA，Teaching Assistant）以外，還自己開設運輸公司專做機場接送，並且兼賣國際電話卡，由於主動積極、喜歡交朋友，甚至擔任了學校延伸教育中心的學生旅行團導遊、中國商會參訪團的隨行翻譯，更有機會跟著洛杉磯警局一起辦案當口譯。也就是說，當別的留學生辛苦地在餐廳打工兼任家教，賺取那七到二十美元的時薪時，我的時薪早就高達五十美元。曾有位韓國留學生說，我是他遇過唯一不靠父母金援，卻過得最「滋潤」的留學生，現在想起來，似乎也不無道理。

重要的是，前面說的那些機會，都是我自己主動爭取而來的！想要成爲一位國際工作人，或者是在各領域出類拔萃的「咖」，需要的就是這種毛遂自薦、積極主動的精神，隨時厚植實力，找對方法讓自己被看見，並且適當地排解一些隻身在外工作可能遭遇的挫折與孤獨。

正是因爲這些經驗，我希望與青年朋友分享如何走出台灣、到國外工作，擴大世界觀，也賺取更豐厚報酬的方法，不僅僅鼓勵年輕人「走出去」，更要讓大家能用極強烈的熱情、有技巧的方法，去追逐自己的理想，並且能積極面對人生中難免的困頓，使其成爲激勵自己與鼓勵他人的養分。不管你人在何方，心中的那個夢想是什麼，這本書都能在你最需要的時候，助你一臂之力！

我以從求學時代開始到現在所做的事情當作本書軸心開展，其中所有的小環節、大突破，其實都是爲了打造自己成爲一位國際工作人所做的準備，裡頭介紹的積極心態、不畏挫折、鑽出機會、學好外語、締結人脈、發展資源……等故事和方法，都有清晰可循的脈絡，能幫助身處職場的你準備好自己，並在機會來臨的時候緊緊抓住。光是激勵你沒有用，更要告訴你切實可行的方法，這是本書最大的賣點。而且我還將旁徵博引，列舉其他工作人的精采故事，幫助你找到自己的方法，走上自己心目中的那條道路。

也正因爲這是一本教你如何追逐夢想、向上發展累積自身職涯實力的書，我還會分享自己如何找到國外工作機會的方法，以及在撰寫履歷、實際面試和在外生活時一定要注意的事項，讓你在找到自己夢寐以求工作的同時，也能迅速適應外地生活、交到知心好友，游刃有餘，如魚得水。書中提到種種不同的心態及作法，不只能幫助你成爲國際工作人，對於投身任何一個職場，或者是想要自行創業的人，都有著正面積極的影響力，讓你能在職場中累積實力、尋求表現，最終坐上你想要的那個位子。

而看到最後你會發現，其實我根本不是什麼「天生的國際工作人」，只是一條「台灣土狗」，但是這條「台灣土狗」，不甘心因爲家裡沒錢，而不能出國讀書，於是拚了命地考取公費留學；不甘心因爲讀的是哲學系，而被社會和企業認定沒有工作能力，所以大學時期發狂似地擔任社團幹部、舉辦大型活動、參加比賽，累積了其他人無法超越的實力；不甘心因爲學術機構沒有職缺，只好當流浪教授，而去挑戰競爭激烈的面試，最後得到韓國錢多事少的工作；不甘心自己空有中英日韓多國語能力卻沒人找我當主持人，所以毛遂自薦地連絡一個又一個製作人、一家又一家經紀公司，最後終於和伊林娛樂簽約，將觸角伸向了東南亞、中國大陸和日本，還和天下雜誌群建立長期的合作關係，奠定自己在國際深度主持人領域的地位。

如果你也不甘心自己畢業之後，憑什麼勞心勞力、工作到三更半夜卻只能領22K，那麼很好，本書就是幫助你激發自己潛能、累積好應有實力，打下屬於你半壁江山的最佳工具。

早期的台灣企業家和工作人，曾經一只皮箱闖天涯，憑著蹩腳的英文，向全世界客戶比手畫腳，只求對方給他們一個合作生財的機會，也正是因爲他們的「不怕苦」「不要臉」和「不怕死」，才創造了台灣的經濟奇蹟。隨著台灣政治的紛擾與就業市場的扭曲，現今青年朋友最需要的，就是重新拾回台灣創業家和經理人的精神，爲自己尋找更多的機會和出路。這個世界從來就不是以台灣爲中心，而台灣本來就屬於全世界，一開始就將自己定位爲全方位的工作人才，來累積實力、深化經驗，那麼無處不能工作，隨時看到更大的機會，無論在世界哪個角落，都能爲不停戰鬥的自己，露出光榮的微笑！

目錄

我在國外課堂上和課堂外學到的事

不要臉＋不怕死＋敢做夢，你要的一切手到擒來

踏出台灣，培養多元視野

從小注定「被國際化」——可惜是半吊子的國際化

其實，我走上國際工作人的這條路，在很小的時候，就已經被規畫好了。

印象中，父親在我小學時就曾經對我和哥哥說：「你們兩個未來都會去美國讀書，而且拿博士學位回來！」

爲什麼我父親要這麼說呢？這就要歸因於他成長的背景。他是俗稱的「老芋頭」，也就是一九四九年隨著蔣介石的軍隊來到台灣的那群外省人。那時，他只是一個高中生，因爲戰亂而隨著老師來到了台灣，由於生活無以爲繼，只能從軍，本以爲很快能反攻大陸，沒想到就這樣一直在台灣生活下來，直到四十幾年後兩岸開放，才回到老家探親。

於是他常說，小時候他原本是很會讀書的人，卻因爲戰亂而沒有辦法好好繼續學業，只能在當兵時靠著自修贏得出國的機會，但又因爲派系的鬥爭，升不上去而自行辦理退伍，最後擔任報社的記者，念書之路也就戛然而止。要是他有機會讀書，今天不會只是一名記者，而能夠別有天地，成爲一方之霸。

正因爲如此，他望子成龍，把所有希望都寄託在兩個兒子身上，我和哥哥不僅要拿到他沒拿到的學位，以後還一定得「有搞頭」。雖然他的「有搞頭」，可能就是當一位大學教授或黨政高層，成爲部長級之類的人物……在這樣的思維下，他從小就很重視我們的教育，我們除了要拿到博士學位以外，還一定要是外國學位，特別是美國的（因爲當時台灣接受了美援，才得以抵抗共產黨的侵略，發展經濟），所以英語能力非常重要。

很可惜，他雖然覺得英語很重要，卻也沒有從小培養我和哥哥的英語能力，明明那時就有ＩＣＲＴ，但大概因爲他自己和我母親都聽不懂，也沒有放給我們聽，自然地打造全英語的環境。我和哥哥從國中一年級才開始學習英語，頂多是在六年級升國一的暑假去上補習班，比別的同學早那麼一步學會了音標和二十六個字母罷了。之後全都是靠上課專心聽講，以及自己在家做練習，連補習班都沒有去，因爲我們家的小孩是不補習的。美其名是說我們反正靠自學也跟得上，但實際上應該是爸媽根本沒錢，或者不想花錢讓我們補習吧。

半吊子英文，鬧大笑話

也正是因爲這樣，我和哥哥的英語能力，就像大部分的台灣孩子一樣，讀和寫沒什麼大問題，但聽和說卻是一場糊塗，在學校憑著死背還能過關斬將，跟外國人說話時，可就結結巴巴、超級困窘了！記得我大學聯考完第一次出國自助旅行去澳洲玩，在飛機上排隊等著上洗手間，站我後面的澳洲白人小女孩很nice，主動和我搭話，問我：「Where are you flying to?」（你要飛往何處？）她之所以這麼問，是因爲那家航空公司是新加坡航空，先飛到新加坡，再轉機前往澳洲。我一時聽不懂，又猜想既然是在化妝室前問我問題，想必是和上廁所這件事有關，於是匆匆忙忙地回答：「I am flying to the toilet.」（我要飛到馬桶裡。）只見小女孩露出一臉怪異的表情，皺了皺眉頭，轉身去找她媽媽，我簡直羞愧得無地自容。

我哥哥也好不到哪裡去。雖然托福考了六百分以上（也就是現在的一百分以上），GRE也超過一千九百分，但當他在美國密西根安娜堡大學念書、交女朋友時，鬧了一個大笑話。話說他以一個台灣研究生「老狗」之姿，居然成功贏得了一位華裔高中女生的芳心，也就是說他那時二十五歲，卻和一位十八歲的小妹妹在一起，眞可謂「台灣男人之光」。但這位男人之光Bruce，也有很「鳥」的時候。那時他和女生打得火熱，有天女孩邀請他到家裡，趁著媽媽不在，兩人抱在一起，窩在沙發上邊看DVD邊聊天。這時，女孩突然打趣又有點撒嬌地說：「Bruce, If my mom comes home, you have to hide.」（布魯斯，要是我媽突然回家，你可要躲好啊！），問題是那時Bruce剛到美國沒多久，英語聽力還不行，以爲女孩的意思可能是：「If my mom comes home, you have to say hi.」（要是我媽突然回家，你一定要跟她打招呼。）他把hide聽成了say hi，也難怪女生馬上從沙發跳起來，大叫：「No, I mean hide, not hi!」這個笑話，讓我和其他朋友聽了都笑到直不起腰來。

地獄式學習法，短時間掌握英語

我不是說台灣教科書內容有誤，而是因爲當你爲了考試而學習一種語言時，是幾乎完全練習不到聽和說的。但想成爲一個國際工作人，「有效」和「優異」的英語能力，又是那樣的不可或缺。

在此提供幾個能把英語學好的方法。我用類似的方法學習另一種外語——韓語，在三個月內便能簡單與韓國人溝通，聽得懂廣播，半年後在生活上都沒有太大問題，可說是「地獄式」的外語學習法，能幫助你在短時間內掌握英語這個國中三年、高中三年再加上大學四年一共十年都搞不定的語言。

首先，無論你到目前爲止學習了多久英語，我都建議把學過的課本拿出來，用最快的方式複習一遍，最好每個單字和每篇課文都搭配CD複習，一次掌握發音和聽力。但這是在你過去都對內容完全理解的作法，若是你根本從來沒聽懂老師的解釋，那麼就「砍掉重練」，從頭再學一次。建議你花一點錢，以大約三到六個月的時間，到補習班去參加密集班，把基礎文法和基礎單字及閱讀的訣竅都掌握好，不懂立刻舉手問。補習班的老師大多挺有一套，也「被迫」必須把你教到會，因此你應該都能把過去不懂的地方弄懂。你也可以採取透過考試來掌握外語的方式，也就是參加多益、托福或GRE的考試，逼迫自己又交補習費、又交考試費，所以容易給自己破釜沉舟的壓力，在三到六個月內，隨著這個考試科目與節奏，一次打下未來自學英語的基礎。

這麼做的時候，請務必記得，你的重點不只是考試過關，更是一次把說和聽，甚至是寫給練好。方法就是，現在那些考試的教材都有音檔，你一定要邊聽嘴巴邊跟著動，一章讀完以後，走路聽、坐車聽、上廁所聽、吃飯時也戴著耳機聽，並且邊聽邊跟著說。如果你的寫作能力也不行，那麼還應該要一天選擇一篇文章的一到兩個段落，照抄背下之後，隔三分鐘再默寫出來。最好每天再選定一個主題來寫篇五百字的短文，並且請一位老師幫你修改。這麼做的原因，是因爲你將能因此知道正確英語書寫所使用的架構、文字、使用方法，而不至於寫出洋涇濱式的英文，發生意思可能對、但老美根本不會那麼寫的情形。

而如果你已有不錯的英語程度，我特別推薦你使用這個網站：www.americanrhetoric.com。這個網站用姓名分門別類的方式整理出史上最好的演講，以及近代名人的知名演說。例如，只要尋找姓名是B的類別，找到其中的Barack

Obama，就可以發現他從二〇〇四年第一次爲民主黨總統候選人凱瑞所做的助選演講，一直到最近大大小小的演說。這個網站厲害的地方，就在於除了有視頻可以看、有音頻（MP3）可以下載，最棒的是連文稿都直接附上給你。聽不懂也沒關係，用有翻譯功能的瀏覽器打開這個網站，游標移過去，立刻能幫你翻譯不懂的字詞，連查字典的時間都省了。有了這樣一個絕佳的工具，在了解全文之後，便可以將它存入自己的手機或MP3 player，每天聽、跟著說。試想，當你的老師是美國總統時，你使用的單字、抑揚頓挫、語句轉折，都是最有深度和教養的，而使用英語時的氣勢，也是一國領導之姿，有了美國總統的加持，英語怎麼會不好、發音怎麼會不正確？

搭訕只講英語的朋友，聽說能力更上層樓

用這種方式學習英語一段時間後，你絕對能看到自己顯著的進步。但這時更重要的來了，你必須要眞的「對人說」！也就是你必須要結交只講英語的朋友，而能夠隨時隨地交友，搭訕的能力絕不可少。其實搭訕眞的沒有你想像的那麼困難，你可以用簡單的一聲「Hi」、假裝問問題法、誠實搭訕法……等方式開頭。

詳細的方法，可以參照我之前的著作《搭訕英語》。唯有能夠這樣認識新朋友，你學的英語才有使用的機會，也才會更有興趣把這個語言學好。同時，在認識新朋友以後，最好還能經常使用想像法，將平時苦練英語時學到的單字、話題，拿出來和朋友說。當你與對方一來一往地說上話時，不但能夠自然地反覆練習到學過的英語，還有外國朋友立即幫助你修正，這是最好不過的事。

記得從這一刻起，開始刻意地運用英語去思考，並且用英語來和自己對話。當你能做到這一步時，表示英語能力已經達到一定的水準，藉由與自己的對話和思考，將發現更多生活化但你不知道如何使用的單字，立刻寫下來找答案。如此一來，英語等於已經深深融入你的生活、植入你的腦中，想不流利都很困難了。

最後一定要記得，語言是一個工具，當你出社會找工作後，不會有人再用分數來評判你，這時只要你敢開口、敢犯錯、敢比手畫腳，即使錯誤百出，但是能夠溝通，就贏過八十%的台灣人了。我的國中同學Eric，當年大學聯考英文只考了十三．三三分，現在卻在英國開公司賣監視器，員工和客戶全都是英國人。他靠著不甘心、拚死拚活的決心，把英語給苦練起來，雖然還是不像老美老英一樣流利完美，但討生活、做生意一點問題也沒有。他可以，我做得到，你一定也行！重點是真的採取行動，不斷練習，你一定能克服英語這個比中文容易太多太多的語言！

達人錦囊：想把英語學好，就要給自己一個二十四小時被英語圍繞的環境，並且搭訕認識只講英語的朋友，一次提升聽說讀寫能力。

☑ **延伸閱讀：**

1. 《搭訕英語》，鄭匡宇著，麥田文化
2. 《成功的女性都如何學好英文!?》，金珉秀、金志玟、金慧蓮、金美善著，和平國際

提升自己的核心價值，擁抱中國商機

十五歲那年，我第一次出國，但這次出國，其實是回中國大陸探親。既然兩岸開放了，我父親當然要帶著自己的孩子回老家看看。對我父親這種外省人來說，台灣永遠是中國的一部分。雖然這個「中國」的定義，兩岸表述不同，而我們的中華民國又只被全球少數幾個國家承認，但中華民國從來沒有被中華人民共和國完全消滅，卻也是鐵一般無可否認的事實。

在我的想像裡，出國本該是坐飛機，但父親的友人送他一張船票，是「坐船過境澳門，再從澳門通過廣州進入大陸」的招待券（因為那時兩岸尚未開放直航），於是他再自掏腰包多買了一張票，就帶著我這個國中剛畢業的小蘿蔔頭，回到魂牽夢縈的「祖國」了。

因爲是第一次「離鄉背井」，我心中滿是莫名的興奮，而且在傳統教育以及我們家「忠黨愛國」的背景下，眞心覺得自己是回「祖國」來著。這個祖國，在我從小的國文、歷史及地理課本中，被型塑出完美的形象，它是文化大國、禮儀之邦，德化四鄰，近悅遠來。但當我進入廣州後，眼前的景象卻讓我瞠目結舌！

偌大的廣州車站，黑壓壓的滿是人潮，我從小到大還沒見過那麼多人呢！尤其大部分的人都有點衣衫不整，穿著破舊骯髒。這其實我都還能接受，畢竟改革開放才剛開始，經濟上的復甦沒有那麼快，可最讓我受不了的，是人與人之間的那種疏離、無禮與不信任。在我們前面一位同行通關進來的台灣老先生，才一分鐘沒注意，就慌慌張張地問我們有沒有看到他的行李？原來剛才有人拍了他的肩膀一下，他不過回頭應了一句，再轉身，放在腳旁的包包就不翼而飛了！我和父親幫他四顧張望，哪裡找得到小偷？再加上自己訂好回湖南老家的火車進站了，也愛莫能助，只好請他去找武警報案。

進站準備上火車時，眼前的景象更是讓我快昏倒。火車長得似乎沒有盡頭，那也不打緊，重點是我們根本上不去！在台灣學的什麼排隊等候、依序上車，敬老尊賢，禮讓婦孺，在這裡一點都不管用，不硬擠猛衝，根本上不了車。父親不愧是「大陸人」，也單獨回來過大陸兩次，早已司空見慣，大聲叫我快點、機靈點，也幸虧我很快能適應環境，便奮不顧身地推擠旁人，甚至是踩著前面人的肩膀，勉強地上了火車。

十二天的大陸行，我去了最美的張家界、九寨溝，從四川坐了當時的渡船，像古人李白一樣順流長江而下，享受「兩岸猿聲啼不住，輕舟已過萬重山」的快感，但這些外在的美景，都消解不了我心中的疑惑和衝擊。一路上，我看盡了人們的無禮、官員的蠻橫、秩序的混亂、環境的骯髒……我不禁自問：「這，就是我的祖國嗎？我所學到的中國和中華文化不該是這樣的啊？一定有什麼地方搞錯了吧？」

在某個夜裡，我告訴父親：「我不喜歡中國！」

他帶著有點嚴肅的口氣教訓我：「你永遠都是中國人，怎麼可以不喜歡中國？現在的中國或許有點貧窮，人們有點疏離無禮，但這都是共產黨害的！衣食足而知榮辱，現在大部分的人才剛從吃不飽的經濟狀況中解脫出來，他們會這樣表現，也是很正常的，你要理解他們。」

我當時似懂非懂地點點頭，只爲了不想和父親繼續爭吵而閉上嘴。

融入當地，才能看清機會所在

從那之後，我因爲學習、交流和旅遊，去了非常多次中國大陸，近年因爲出版、上電視的機會，更是常跑大陸。隨著兩岸經濟情勢和國際政經的發展，更多台灣人早已前往大陸定居或工作，甚至把去大陸工作當作是未來畢業後投入職場的首選，因爲能掌握中國這個地方，等於掌握了全世界最大的市場，那裡才是機會最多的所在。

但有太多人去了大陸，又回到台灣來，或者人還在那裡，卻一直嚷著不喜歡、不習慣。根據我的觀察，這些人在中國大陸的事業都不成氣候，而那些做得有聲有色的成功企業家、經理人，則完全不會把情緒和抱怨表達出來，而是從頭到腳融入當地文化，尊重當地的人文，也無怪乎他們能夠取得巨大的成就。

我們不該埋怨環境，因爲環境不會改變，只能改變自己，去適應那個環境！

大部分害怕去大陸、害怕大陸人的台灣人，其恐懼主要來自於以下幾點：

1. 覺得那裡的人治色彩太重、人權不彰，自己的性命財產沒有保障。
2. 無法信任當地人，害怕他們詐騙、不負責任，或者偷學了核心技術後另立門戶。
3. 大陸人好競爭，狼性十足，怕自己競爭不過他們。
4. 環境髒亂，人們無禮，空氣污染嚴重。

但事實上，任何地方，包括理財投資，都有一個潛規則，那就是追求高報酬的同時，一定伴隨著高風險。大陸存在的許多灰色地帶，正是你有可能抓住機會、一夜致富的關鍵所在，就看你能不能發現，敢不敢抓住機會。

而我這幾年勤跑大陸，雖然發現他們在守禮有序方面已稍有進步，但離文明社會著實還有一段距離。而當我接觸越多的人事物，也越能夠理解他們欺騙、爭執、爭先恐後背後的心態。試想，如果你也在一個資源極度匱乏的環境下長大，只要些許遲疑，機會就被別人拿走，位子就被別人占走，那你就吃不飽、也回不了家，能不爭先恐後嗎？你或許眼睜睜看著大陸人不排隊上車而多所抱怨，但那是因爲他們的公車班次少，上不了這班車，得等兩三個鐘頭才有下一班，而且如果下一個司機心情不好，突然來個翹班罷工，那麼你可能今天連家都回不了了。若你也在這種環境下長大，能不把握這個現下立刻上車的機會嗎？還能把位子讓給其他人嗎？

當你理解了這層文化背景後，在與大陸當地人打交道時，便多了些理解心，也知道該如何保護自己。爲了要挑起他們工作的熱情和幹勁，的確應該誘之以利，但又不能讓這個「利」小到他們不屑一顧、大到利欲熏心，或者近在咫尺、唾手可得。你必須藉由接觸和觀察，去找到那個「度」，才能將從屬關係和厲害關係的管理，做到盡善盡美。

想成為國際工作人，先從培養大陸經驗開始！

而在大陸，常有「看得到市場、吃不到人民幣」的情形，這時透過當地熟門熟路的合作夥伴牽線開路，就是一個不錯的方法。例如台灣經營Coco都可茶飲品牌的億可國際，便選擇了和當地的合作夥伴共同成立公司，但堅持自有持股一定要超過五十五％或達到六十％，如此方能握有控制權，不至於讓辛苦經營的江山被有心人士「整碗捧去」。其實，爲了利益而背信忘義，在台灣也時有所聞，並非大陸人獨有的特質，想要加以避免，就必須從制度上來正本清源，防微杜漸。當你讓自己握有主控權，又公平地讓合作方共享利益時，他們也會盡力提供資源並全心攜手經營。

至於害怕人家富有競爭力，之後會超越你，這又似乎過於庸人自擾、井底觀天。試想，如果不將自己的員工或下屬教育得能力優異，難道平庸懶惰的下屬能爲你的公司帶來豐厚的獲利嗎？爲了害怕下屬學會核心能力而將你取而代之的心態舉動，難道下屬會看不出來嗎？當他們看出來了，還能服氣你，或者就從此不把「將你幹掉」當作目標嗎？這些想法不但毫無助益，還容易拖垮組織，傷害你自己在職場的價值。

在職場，想要往上爬是非常自然的事。身爲主管或前輩的你，應該要鼓勵良性的競爭，並且把這個「被追著跑」的情形當作常態，也當作是激發自我潛能最好的鼓勵。其實在台灣，類似的競爭同樣少不了，只是大陸人更直接、更赤裸裸罷了。這時，你必須要靠著極強的學習力和應變力，讓自己的核心價值不斷提高，使其他人無法超越，那麼不僅你眼前的位子坐得穩，即使有天想要跳槽，也會是其他人爭著要的優秀人才。

我自己在大陸演說、出版、開課程，也大致秉持上述心態，尋找信得過的合作夥伴、用人不疑，但是讓合約及制度為自己的利益謀得最大的保障，並且緊盯著抄襲者與競爭者的進度，強迫自己要不斷地「進化」，讓他們望塵莫及。例如，搭訕這個話題，或許一開始容易被定為在「把妹」與「交友」，在大部分人的眼中，有點意思但不夠正經，若只守著這兩個定義，只會將市場越做越小。於是我一開始就將搭訕定義為「愛情與事業上的毛遂自薦」，並以「全方位的自我提升」當作終極目標，於是我的課程和演講，包含了自我激勵、口語表達、情緒管理和外形提升。也正是因為如此，其他大陸教搭訕的老師都只能教「如何認識女孩子」這件事，我卻能不斷地上電視、進大學授課、被媒體追捧，樹立了他人望塵莫及的地位。最近我還正籌畫上大陸的《超級演說家》《開講啦》等節目，這都是因為我不斷修正又進步的結果。

害怕競爭，競爭不會因此而消失；不喜歡中國，中國也不會因此而衰敗。從現實看來，中國只會越來越強大，成為全世界所有人無法忽視的存在。早一點認識它、進入它、擁抱它，對於你自己的職涯、視野與能力的訓練，都能達到無法想像的提升。當你能面對如此善變、狡詐、深沉又高深莫測的客戶或對手，還有辦法與他們相處融洽，甚至讓他們服服貼貼時，世上又有什麼人種、什麼市場，是你進不去、搞不定的呢？想成爲國際工作人，不妨先從培養大陸經驗開始！

達人錦囊：去大陸工作，不啻為墊高職場競爭力的好方法，一定要融入當地文化、締結良好人脈，別讓不滿與抱怨，阻斷了你在這個世界最大市場中施展拳腳的機會。

☑ **延伸閱讀：**

1. 《放膽去闖：上海職活的故事》，鍾子偉著，商周出版
2. 《咱們大陸人這些年》，劉小元、御粽子工作室著，丹陽文化

第一次澳洲自由行帶給我的改變

高中畢業的那年暑假，我終於眞的「出國」，去了澳洲旅遊。由於我的阿姨嫁給澳洲白人之後便移民澳洲，我在當地有人可以照應，再加上我一直想去英語系國家探探自己的英語實力，於是和最要好的高中同學小胖，展開了爲期十五天的澳洲自由行。我們先抵達墨爾本的阿姨家待三天，之後又去了雪梨及黃金海岸，幾個知名景點包括大海澤路、雪梨歌劇院等當然沒有錯過，期間嘗試了水上摩托車，去了以前的金礦山，自己翻電話簿找到便宜的民宿，甚至遇到小胖被澳洲當地小流氓借錢不還，差點被恐嚇挨揍的事，整個旅程精采又豐富。

那趟澳洲行帶給我兩個最大的體悟是：第一，知道自己過去六年來學的英語實在「不堪用」。或許不能一味地說教材內容不堪用，而應該說，我們學習語言的方式和態度根本大錯特錯。當你只把外國語當成學校課程、考試科別，而沒有眞的應用在生活裡，或者每天練習，給自己創造一個外語的環境，那麼在紙上練習多次、跟著CD錄音說再多遍，效果也實在有限。於是我後來才自己摸索出了一些快速掌握外語的方法，希望想要在短時間內學好英語的你，能夠更有效率地把英語學好，而我也用類似的方法精通日語和韓語，並且保持每天練習和結交外國友人的習慣，讓外語眞正成爲我生活的一部分。如果你也想在最短時間內把外語學好，上一章分享的內容，一定要徹底照做。

另一個很大的體悟是，這種出國的旅行或生活，最能培養一個人獨立自主的精神。當你自己或和朋友在國外，住宿地點要自己找、門票要自己買、有可能遇到醉漢找麻煩、吃東西不會點菜的時候，才能把自己全部的潛力給激發出來。當這些關卡都過了，或許經歷的當下覺得很心酸、很痛苦，但學到的知識與經驗，都是未來自己最珍貴的資產。

這也是我爲什麼非常鼓勵台灣年輕人想辦法出國生活一到兩年，去培養獨立自主的精神，並且學習他國的文化及風情，試著站在台灣以外的地方來看台灣，培養更加多元及宏觀的視野。即使近來許多報導都將打工度假妖魔化，試圖把年輕人到海外短暫工作這件事視爲「台勞輸出」，但我卻認爲，趁著年輕趕快去見識一下外面的世界，吃一點苦，對未來的人生只有好處，沒有壞處。

以前一陣子討論得沸沸揚揚的「清大畢業生淪落去澳洲屠宰場殺豬」的新聞爲例，雖然事後證明該報導有移花接木、誇大不實的成分。但我要說，就算是到澳洲去殺豬，也沒有什麼不好的。如果你的目標明確，用自己的勞力賺取可觀的報酬，存下來的錢，要嘛是拿來在工作結束後四處旅遊，或者是將積蓄當作是回台灣創業的第一桶金，都是很正當的，完全沒必要在父母師長或周遭親友的眼光下因爲愛面子而選擇放棄。知道自己在做什麼，以及現在正從事的工作，對自己未來人生能有怎樣正面的影響與發展，才是最重要的事。

不過，在尋找海外工作時，倒是有兩個觀念必須和大家溝通一下。

或許剛開始時，打工度假能夠提供的工作都屬於勞力密集，學習果農的種植技術、餐廳端盤送菜的流程未嘗不可，但絕對不能「永遠只停留在那裡」。當你只會一項技術，而且都是要「親力親爲」時，由於不能將時間與勞力倍增，必定只能產生有限度的產值，這樣很難累積財富，實力也無法有多大的提升，只會白白浪費時間。

當你做了一陣子之後，一定要主動爭取機會，讓老闆看見「你還能做其他的事」。例如剛開始可能只是端盤子，但你能把當地的語言學好，慢慢地就能和客人聊天、介紹菜色，並且擔任管理的工作。我有個朋友Mark，原本只是新加坡某飯店的櫃檯，但他除了把份內的事情做好以外，還很積極地運用當年在台灣的人脈，認識了旅行社的朋友，協助自己工作的飯店進行海外宣傳和推廣，就是這份能力和用心被當地雇主看見，兩年後便將他拔擢至主管的位子。而他所累積的成績，也會是將來轉往其他工作時的最佳戰功。

說穿了，這就是資本市場裡的遊戲規則。**當你只會簡單的工作，也只想做簡單的工作時，收入與能力是不可能快速增加的。但你能解決越複雜的事情、提供越有效率的方案時，你的人力價値才有被「高價收購」的可能**。這也是我爲什麼鼓勵所有人，剛開始可以親力親爲，但一段時間後一定要晉升管理職。當你成爲一個好的管理者，等於是讓自己的時間與勞力倍增，在你的領導下，團隊的產值及營業額提高，你的收入自然也能增加。

我們要辛勤地工作，但更要聰明地工作，最好能聰明地讓自己的辛勤，比其他人的辛勤發揮十倍百倍的效力，那麼不僅收入能夠提高，在職場上所累積的經驗，也將在轉換跑道時「待價而沽」，成爲人人爭取的對象。有能力的人永遠不會被埋沒，像一手打造統一集團7-11便利超商霸業的徐重仁先生，在離開統一集團後，立刻被多到數不清的企業延攬效力，最後成爲全聯福利社的總舵手，就是最好的例證。

切記，你從來不是爲其他人工作，而是爲了自己工作，**所有的努力及付出，都在墊高自己的競爭力**。千萬不要只爲了餬口，選擇一個自己沒有熱情的工作，更不要因爲遇到爛老闆而跟著「隨便做」，還以爲這是最好的報復。工作，從來不只是爲了生活，更是一個人價值與存在感的呈現。如果你把職業當作職涯，當作值得自己用一生發展的事業，那麼一定會用心走好每一步，最終攀上你心目中的那座高峰。

達人錦囊：讓打工度假不只是打工度假，讓你目前的工作不只是一份餬口工作的方法，就是一開始在心中將自己的層級拉高、視野擴大，那麼你不只能賺到錢、學到經驗，還能墊高自己在職場的高度。

☑ **延伸閱讀：**

1. 《比打工度假更重要的11件事》，褚士瑩著，大田出版
2. 《澳洲打工度假聖經》，陳銘凱著，太雅出版

連續落榜四次，卻體會到「人生沒有白努力」

挫折和考驗，都是滋養實力的沃土

我在成功高中三年期間，成績一直都保持在班上前五名左右，聯考前幾次的模擬考，還曾經衝進全校前十名。不要說父母師長，連我都覺得自己未來一定是上台大的料。那時剛開始有甄試入學的制度，老師問我要不要去甄選政大新聞系，我居然一口拒絕，因爲我受了當時社會氛圍的影響，認爲想要成爲一個「有搞頭的人」，就該讀法律系，而且是台大法律系。

在當時，環顧台灣的政經界，有名的人全都是台大法律系出身，包括現任總統馬英九、前任總統陳水扁、國際法大律師陳長文……我心中的盤算是，念了台大法律，豈不是等於保證「未來能像那些人一樣」，在各個領域頭角崢嶸？就算不能呼風喚雨，那麼成爲一位學有專精的律師，就等於確保崇高的社會地位和令人稱羨的收入。於是我當然以法律系爲首選，即使上不了台大法律系，那麼政大法律系應該也是沒問題的。

沒想到，我卻在聯考大跌一跤。那一年的數學考得特別難，而數學不是那麼好的我，剛好就被戳中了罩門。再加上以前模擬考時，選擇題分析到最後剩兩個答案時，只要我選擇A，正確答案就不可能是B。但那年的聯考，有好幾題不太確定的題目，我都未選中正確答案，這麼一答錯再倒扣，分數就那麼「大江東去，永不復返」了，最後考了一個我想都沒想到的低分。其實我也可以去念私立大學的法律系，但家裡的經濟狀況又不允許，而我也想著能先進公立學校再轉系，於是就這麼憑著不太理想的分數，進了政治大學的哲學系。

我在政大哲學系的第一年過得十分痛苦，每天總是帶著悲憤的心情去學校，聽著老師講授中西哲學史、邏輯學、倫理學等科目，我非但不覺得有趣，還邊聽邊想著：「這些東西一點都不實際，能讓我找到工作嗎？」下課後，我第一件事就是衝進圖書館，拿起轉學考的參考書死K，期許自己在大一結束後，能順利透過轉學考上台大。結果，大一結束的暑假，我不僅校內轉公共行政系沒過、考政治系的轉學考落榜、台大政治系的轉學考又名落孫山。一整年的努力等於宣告白費，再加上當年聯考的那個滑鐵盧，我等於連續遭受了四次巨大的打擊。

人生沒有白努力，所有努力終將有回報

大家看到這裡或許有點好奇，我以前不是想念法律系的嗎？怎麼轉系轉學時卻沒有選擇法律系當作第一志願呢？其實我當時知道，轉學或轉系選擇法律系所遭遇的競爭對手，絕對是強者中的強者，那麼既然我對政治系的科目很有興趣，考試時與我競爭的人又不至於過分優秀，那麼勝出的機會便比較高。反正政治系畢業後，進入國會擔任助理或考進公務人員體系，都顯得順理成章又輕而易舉，畢竟大學四年都是學習相關科目，比起其他競爭者，等於多了許多籌碼。

現在回想起來，當初法律也不見得眞的就是我的興趣，只不過受了這個社會以及師長教育的影響，認爲律師或法律相關的工作社經地位高，收入相對有保障，所以我才想選擇它作爲我的專攻和職業，不代表它眞的就是我的興趣與天賦所在。而當年被我嗤之以鼻，也被這個社會大多數人認爲沒搞頭、畢業找不到工

作的哲學系，卻因爲學風自由，學業壓力不大，賦予我許多自由時間去參加校內校外的活動，培養了辯才無礙、運籌帷幄、折衝協調、領導管理等種種能力。

最讓我扼腕的是，當年我覺得哲學系的課程「不實際」，所以沒有好好研讀，結果後來考取公費留美在研究所攻讀博士時必修的課程，其實都是哲學相關內容。所有文科的博士生，等於是精通社會學、人類學、史學、文化研究等領域的理論後，再拿那些理論方法來研究自己有興趣的領域，而那些理論，在在與我曾經讀過的哲學理論大有關連。於是當年在政大沒有好好研讀哲學的我，在美國又開始苦讀哲學，並且懊悔當年上課爲什麼不好好聽講，而要在那裡懷疑、抱怨、浪費時間？

從這個經驗，我得到了一個結論，那就是「**人生沒有白努力**」。在任何一個時間點、遭遇任何事情，不管是學習、挫折還是考驗，只要你眞的曾經付出努力去面對它、想辦法克服它，那麼即使當下沒能達到你所預期的結果，但那些曾經付出的努力，卻會在之後人生的某個時間點，給予你豐厚的報酬。

我當年準備那些轉學考看似全部失敗，但所有考試的共同科目包括國文、英文、歷史地理及憲法，卻同樣是之後預備軍官和公費留學的必考科目。我因爲曾經付出心力準備過，於是報考預官和公費時能有較多的時間準備專業科目，之後也金榜題名；當年爲了害怕畢業找不到工作，而參加許多校內和校際活動、擔任幹部、舉辦跨校性的活動，後來我雖然一路在教育體系擔任教職，沒有到私人企業工作的經驗，但曾經培養的一流口才、外語能力、行銷手段、毛遂自薦等能力，都幫助我在自行創業、推廣自己成爲亞洲的多國語記者會主持人、作家和演講家時更得心應手。

相信我，**人生眞的沒有白努力，所有的付出和心血，都將化成你最堅強的實力**。在職場上尤其如此，不要以爲剛開始那些幫忙影印文件、倒茶水、送快遞、連絡客戶的「鳥事」很鳥，同樣是「鳥事」，只要你能做到最好，並且看到其中的機會，那麼脫穎而出也就指日可待了。

前亞都麗緻飯店的總裁嚴長壽先生，從美國運通台灣分公司的傳達小弟開始做起，認眞負責，每天都會西裝筆挺，並提早一個小時抵達辦公室準備，以充分掌握狀況和提高工作效率。之後擔任國際領隊時，他會親自試過行程中的每一個環節，才能減少問題的發生。海外旅行團行程每天告一段落後，他仍會再花兩三小時研讀下一個觀光點的資料，使團員對於旅途中的風景、歷史、人文有更深刻的領會。就是這些多做一點、多學一點、多替客戶和公司想一點的付出，讓他贏得公司主管的信任，一路往上爬，不但出任美國運通的總經理，之後又負責亞都麗緻飯店的草創及營運，現在更在台東投身公益，是無數青年們崇拜尊敬的勵志導師。

因此，一勤天下無「鳥事」，而鳥事往往正是滋養你實力的最佳土壤，做好每一件小事，成爲小事的專家，那麼更大的責任與任務，自然就會降臨在你的肩上。

達人錦囊：人生沒有白努力，在每一個時間點、每一件事上，都要付出最大的努力、盡最多的思考，那麼無論當下成功或失敗，都將累積成為自身堅強的實力。

☑延伸閱讀：

1. 《總裁獅子心》，嚴長壽著，平安文化
2. 《A^+到A咖》，王文華著，天下文化

方向，往往是闖出來的

我在大學時雖然一直想轉往法政科系，也預先開始準備公務員考試，但那些都不能說是我眞正的天賦和興趣，只不過是爲了將來畢業後，能找到高薪的工作（律師）或進入穩定的環境（公務員），所預先埋好的後路。可是結果不如預期，我經歷一個接一個的轉學考失敗，注定得在三年後拿著哲學系的學位畢業，進入職場。在那個找不到自己方向，又擔心未來可能找不到工作的青澀歲月，我決定透過參加活動、舉辦比賽、參加比賽等，來累積自己的實力，也幻想著是否能因此而找到自己未來的方向。

結果，方向還眞的被我找到了，雖然這個方向，在二十九歲拿到博士時又被自己給「打破」，但誠如我前面提到的「人生沒有白努力」，那些在實力上的累積，一樣協助著我、保護著我，具備勇氣和能力，度過眼前一個又一個的挑戰與難關。

大學時期對我影響最大的幾個活動和經驗，至今依然讓我難忘。升上大二的第一個學期，我已經確定自己得繼續待在哲學系直到畢業，於是下定決心，要透過參加活動、擔任幹部來累積實力，以便未來找工作時能用輝煌的「實績」來說服主管採用我，於是鼓起勇氣參加了校內所舉辦的知名音樂大賽金旋獎的工作人員甄選。那時的心情非常忐忑，擔心自己努力跨出的這第一步，會再次遭遇打擊，因爲那年負責活動的主辦人是新聞系的學姊Amy，難保她不會想找同樣是傳播學院的學弟妹，就算也需要其他科系的同學，那些財經系、法律系的同學，似乎又比哲學系的我更「具備專業能力」。

結果，大概是我在面試時表現得很誠懇，居然被正式錄取了，我內心雀躍不已。但我原本的志願是公關組，希望負責接待和連繫，最後卻被分到了總務組。總務組的工作簡單講就是大大小小的雜事，從場地布置、物品採買到複賽決賽的便當購買，全都是我負責，而好處就是我有很多上台的機會。爲什麼能上台？因爲比賽時，我會比所有選手都早一步上台，替他們調麥克風的高度！

我一開始做的，就是這麼「低賤」「不重要」的工作。但因爲我當時超級認眞負責，又因爲做的事情太低賤、太複雜，整個活動的流程我了解得一清二楚，跟主辦學姊的關係如膠似漆。於是Amy學姊鼓勵我，那年金旋獎主辦團隊隨著活動結束就這麼解散實在太可惜，不如由我創立一個新社團，以後專門來舉辦校內、校外的音樂比賽。就這樣，「政大流行音樂社」被我創立成軍，我們接下了當時陳奕迅所屬公司舉辦的台灣地區流行音樂大賽、教育部的大專院校流行音樂創作大賽……所有的連絡接洽、贊助協商，都是我電話連繫、拜訪所獲得，與其他學校的合作聯盟、關係締結，也都是我主動出擊所促成，更別說比賽當天的複雜流程、節目效果，也在我們團隊專業的指揮下，獲得所有人的好評。現在想來，這些後來的輝煌成果，都是因爲我有勇氣跨出去面試的第一步，並且從很低賤、不重要的事情開始做起啊！

參加活動和打工，讓我的履歷越來越漂亮

辦完了金旋獎，我對自己信心大增，知道只要給我事做，我就能脫穎而出，就能擺脫「念哲學系沒搞頭」的枷鎖，讓其他人看見我的實力，於是一趟瘋狂參加活動的旅程就此正式展開。我之後又參加了「國際事務研習會」，在會中認識了一群外語能力超級優異的他校同學，也找到自己的模範典型——一位在學生時代就能講流利英日法文的學長。我以他爲目標，心中那個「學長，有一天我想像你一樣能講三國外語」的種子在心中悄悄發芽，促成我多年後靠著自己的努力，也能說流利的英日韓語的成果。

國際事務研習會結束後，我才有資格擔任「海外華裔青年返國研習團」的團員，訓練了自己舉辦千人活動的能力，並且在營隊中打下英語聽力及口說的基礎；之後更經歷嚴格的訓練，錄取成爲「中華民國青年友好訪問團」的團員，去了奧地利、德國、法國、英國、荷蘭、比利時、盧森堡等七國，訓練了自己的舞台魅力、溝通表達的能力，打開了國際的視野；更參加了之前從來沒參加過的「全國大專演講比賽」，拿到第一名，第二年連莊，從此養成我「只要演講，我就是第一名」的信心，後來即使到了美國、韓國，用的不是自己母語的語言，一

樣能在台上揮灑自如，贏得如雷掌聲……

而即使要打工，我也不打「純勞力」的工，而是能提升外語實力、訓練溝通技巧和運籌帷幄能力的相關工作。例如，我總會注意課外活動組的公告、主動連繫一些大型公關公司，於是擔任過「世界原住民大會」「世界牙醫大會」等國際性活動的隨團領隊及翻譯，期間不僅賺到生活費，把英語實力又向上推進一步，還結交了來自各國的好友，並把全台灣的旅遊景點都玩了好幾遍。

這些活動的經歷，不斷地增強了我的實力，也讓我的履歷「越來越好看」。我當時非常有自信，知道將來即使沒有考上預官、公費，而是當完兵直接進入職場，也一定會被大型企業錄取，從事公關、業務之類的工作，因爲我早已「準備好了」。但人生有趣的地方就在於，我當時培養出來的那些能力，讓我等於根本不必進入任何公司工作，而是自己不斷給自己找到工作，近年更以大學教職爲「墊底」，去發展我的主持人及世界級激勵講師的大夢。

如果正在看書的你也是個大學生，苦惱著未來是否能找到工作，那麼請記得，你就算在那裡想破頭，老天也不會因此可憐你、給你一個工作，他甚至不會給你一個明確的方向。**所謂的方向，是要你自己去闖、去走、先跨出那第一步，**

才會日漸清晰的。在自行摸索的過程中，一定要記得把每一件事情用盡心力做到最好，累積起他人無法超越的實力，並且時時檢討反省，化爲自我人生的絕佳經驗，那麼你理想中的工作一定會出現；就算它遲遲不出現，你也能憑藉著過去的實力，創造出一個自己最喜歡的工作！

達人錦囊：沒有方向？不知道未來在哪裡？很正常！所謂的方向和未來，都是走出來的，而那個起點，從來不可能很風光、很輕鬆，相反地，說不定還要經歷風風雨雨、千辛萬苦。但沒關係，只要是自己有興趣、做起來開心的，就可能是引領你走向人生大目標的最好起點。

☑ **延伸閱讀：**

1. 《賈伯斯傳》，華特・艾薩克森著，天下文化
2. 《挺身而進》，雪柔・桑德伯格著，天下雜誌

努力是應該，能出頭靠「鑽」

許多人都很好奇，我大學讀的是哲學系，怎麼後來會去報考舞蹈史舞蹈理論的公費，最後還拿了個博士學位，這兩者好像太不搭嘎，太跳tone了吧？其實一點也不！

我在大學時期不斷地參加不同的活動，試圖找到方向，而許多能讓自己履歷看起來顯赫的活動，都需要經過激烈的競爭，在那時我就發現了一個眞理，那就是「努力是應該，能出頭靠鑽」。努力是必要、而且大家都知道的事，但爲了奪取那唯一的機會，你必須使出某種特殊的方法或「賤招」，去硬生生地把別人視爲的煮熟鴨子給拿過來。我考取公費留學的例子，就是最好的證明。

其實我們家不只我，連我哥都是公費留學的錄取生。他台大物理系畢業後，在當兵時考取了公費留學，錄取的科門也很特別，叫「運動訓練法」。看到這裡，大家應該就能看出端倪了。要知道，公費留學因爲考取後的福利太好、資源太多，每一個科門都有幾百個考生來競爭，特別是那些「名字比較好聽」「感覺念出來以後比較好找出路」的科門，更是一堆人摩肩接踵、競爭激烈，但「運動訓練法」有了「運動」二字，一看就讓很多台灣人「瞧不起」，覺得是個應該由運動員去考、未來沒有什麼搞頭的科門。

殊不知十幾年後的今天，NBA的籃球明星林書豪成爲世界級的巨星、台灣的球星王建民、陽岱鋼在國際舞台家喻戶曉，整個運動經紀和娛樂產業蓬勃發展，其中潛藏著許許多多的機會，絕對不是刻板印象中那麼毫無前途。我的哥哥當時正是看準了報考運動訓練法，競爭的人大多是運動員，術科當然比他強，但公費留學是派錄取生去做研究的，根本不考術科，在只考學科的狀態下，運動員怎麼可能考得過一路念建中、台大的我哥哥？於是他後來當然就順利錄取，並且在美國讀書時，除了主修運動訓練法這個科門的必修課之外，還雙主修了機械系的課程。

當他從密西根安娜堡大學研究所畢業時，拿的是運動和機械的雙碩士，之後進入加州大學戴維斯分校繼續攻讀博士學位，將力學、自動化和最佳化等工具，導入對溜冰選手動作的研究，對於機械義肢和運動輔助器材的發展，有著深遠的幫助。這樣的學術背景，也導致他後來一回台灣，立刻有好幾間大學搶著要，而他最後選定了位在台南的成功大學，作爲他繼續研究的地方。誰說讀運動就沒有好下場呢？正是因爲讀運動，反而帶給了他更多機會。

看到哥哥成功的例子，我也決定如法炮製，但很可惜，我那年公費有規定，我原本想報考的「運動管理」只能由二、三類組的大學畢業生報考，一類組文法商畢業的學生，連報考的資格都沒有。這時我看到報名簡章的最後一頁，居然有「舞蹈史暨舞蹈理論」這個科門，而且留學國規定是美國，我腦袋一熱，決定就考這一科！而我的想法也很簡單，既然公費留學只考學科不考術科，那麼根據「時間花在哪裡，成就就在哪裡」這個鐵則，我沒有理由在應考中西舞蹈史、藝術概論和國文、英文、歷史、地理、憲法等科目時，會輸給舞蹈系的同學。再加上我當時參加青訪團，就已經和幾位舞蹈系的老師聊過，知道進入舞蹈研究所，念的其實就是史學、人類學與社會學，並用那些理論再來分析舞蹈與社會人文的關係，那麼跟我自費出國，去念什麼史學、人類學或社會學不是一樣嗎？就算我可能對傳播、管理比較有興趣，也能在拿到舞蹈公費後，像哥哥一樣多修點課、拿個雙主修啊！抱定這樣的想法，後來果然也順利考取了公費。如果公費一年的學費加生活費大概是一百萬台幣，那麼我讀三年再加我哥的三年，我們家就整整「A」了國家六百萬啊！這不是最高的投資報酬率是什麼？

其實後來在公費留學考試的面試那關，還發生了一件趣事。我在準備公費留學筆試部分時，心中非常忐忑，擔心自己不是舞蹈科系的學生，自行購買那些中西舞蹈史和藝術概論的相關書籍來研讀，但若出題老師「內神通外鬼」，早就把考題洩露給自己的學生怎麼辦？我努力準備了半天，豈不是白費工夫嗎？結果後來證明我多慮了，台灣的公費留學考試以及其他公務人員考試等國家考試，都是非常公平公正的，只要你認眞準備，就和其他人一樣，站在相同的基礎上競爭，各憑本事。

公費考試分成兩階段，筆試通過之後還有口試。而我那年雖然出現了英語科目太難，貌似舞蹈史舞蹈理論的科門只有我一位考生通過筆試，但我又擔心要是面試官們一看到我，心想「你這個唸哲學系的傢伙，把我們鍾意的學生幹掉後，想來搶我們『自己人』的名額」，當下惱羞成怒，「非我族類格殺勿論」，寧可名額空缺也不錄取我怎麼辦？

結果當我一推開面試場的大門，映入眼簾的三位考官，居然有兩位都是我認識的，一位是當年青訪團的指導老師，一位是帶著我們出國表演訪問的教育部官員，在這種情形下，我怎麼可能不被錄取呢？我印象很深刻的是，當面試結束之後，其中一位老師把我叫住說：「匡宇，青訪精神，加油！」那一瞬間，我就知道自己一定能金榜題名，而後來也果然如願以償，帶著國家的公費、家人期待和自我期許，飛向美國大陸，面對人生的另一個新天地。

當我回想這一切，眞的深刻地認爲，努力都是應該，但**面對人生難得出現的機會，你一定要懂得鑽，必須結合所有手邊的資源、過去的成績、臨場的反應和極大的熱情，讓自己脫穎而出，成爲別人眼中「非你不可」的主角**。同時，過去人脈的經營與累積，又顯得十分重要。試想，如果我當年在青訪團沒有努力學舞、沒有與師長打好關係、沒有深刻思考舞蹈與社會人生的關係……是絕對不可能在面試時應答如流，也不可能勾起面試老師對我愉快且正面的回憶。因此，我們現在走的每一步，絕對都至關重要。過去不等於現在，但現在的一舉一動，卻往往能決定你將擁有怎樣的未來。把每一步都走穩了，未來的方向也才能益發清晰。

達人錦囊：想出國留學或工作，方式真的很多。學術方面有教育部的獎學金和日本交流基金會等，私人企業的工作，則可以上國際企業的官網，直接看看他們針對全球招募人才的需求。而若是已經有幾年的工作經驗，透過104、People Search、藝珂等國際性的獵人頭公司，由專業顧問幫你媒合，只要收取大約未來工作一個月的薪水作為手續費，十分划算。海外工作，先做了再說，因為有一就有二，不但能墊高自己的實力，薪資水平也容易三級跳。

☑ **延伸閱讀：**

1. 《財色戰場》，李民傑著，平凡企業
2. 《脫穎而出：得意職場、快意生活的成功智慧》，琳達．多明庫茲著，美商麥格羅．希爾

建立良好印象與關係，機會就是比別人多

到了美國幾年之後，我才發現自己有許多想法其實是錯誤的，特別是在申請學校這件事上。你或許聽過一個說法，那就是如果你非常想要進一所學校就讀，其他條件似乎也符合，這時學校若是問你：「是否要申請助教獎學金？」一定要答「不要」，因爲你以爲如果回答「要」，表示學校找你進來讀書不僅不能賺學費，還得多付錢給你，學校一定會因此再三考慮是否應該錄取你這位學生，說不定最後你換得的，將是無情的拒絕。

但其實根本不是這樣！美國的學校詢問留學生是否要申請助教獎學金，只是他們的例行公事，你回答爭取或不爭取，絕對不是他們決定要不要錄取你的關鍵。如果你非常需要這筆獎學金，就直接告訴他們你需要，反正他們內部決議後，若認為你是一個難得的好學生，有著極佳的發展潛力，那麼他們自然會給你獎學金；若他們實在沒有經費，或者認為經費應該優先撥給更需要的學生，也會拒絕你申請獎學金的需求，但依然接受你作為研究生，絕不可能發生「因為你申請了獎學金就拒絕你」這種情形。

然而能夠申請獎學金的前提，是你托福、GRE或GMAT都獲得高分，過去學業成績優良、推薦信真實精采、自我介紹展現強烈的企圖心和未來性，這些才是他們考量的重點。畢竟得到助教獎學金的人，是他們覺得最有潛力並且最需要幫助的學生，未來也能為自己系上在教學和研究等領域上效力。簡單講，你的基本能力，才是他們評選是否錄取的重點。

同時，在申請學校時也是有撇步的。你除了搜尋自己想要進入的學校及科系外，最好在書寫申請書的學習計畫前，先閱讀幾位該系主要教授的著作或論文，並直接在學習計畫中，表達你從那些著作及論文中學到豐富的知識，以及還想進一步了解的企圖心，甚至在寄送申請書的同時，就寫email給那幾位你非常尊敬和欣賞的教授。

當你這麼做時，除了讓該系所負責甄選學生的老師們覺得你很用功、很進入狀況外，由於跟你在書信往返中建立了私誼，說不定幾位與你通信的教授，還會向甄選評議會的委員打聲招呼，要他們特別關照你，甚至表明你就是他要的學生。又說不定某位你連繫過的教授就是評議委員之一，那麼你被錄取的機會就大大地增加了。我在美國念書時，有一位新加坡來的同學Loretta，就是運用了這招，預先連繫了一位曾經到她的新加坡母校任教過一年的老師，於是後來便順利進入美國的研究所，成爲那位老師的入室弟子。別說美國人比較不講「關係」，成功建立關係是全世界都通用的，它甚至是任何情誼、機會與合作的基礎。

化被動為主動，才能脫穎而出

把這個申請學校的招數用在職場上，同樣能發揮巨大的效果。假設你今天想要進入華碩電腦工作，不管想進入的是哪個部門，都可以從以下幾個步驟著手：第一，把自己的履歷做最佳的優化。這個部分，除了你自己書寫以外，相信學校的就業輔導室，一定有經驗豐富的師長或學長姊們能協助你，讓你的每個過去經歷都與想要申請的這個工作產生緊密連結，並且讓你的個性觀念極度符合該部門及該工作的要求。例如會計部門需要的是冷靜、細心的特質，業務部門則需要活潑熱情、靈機應變的特質，若你能將自我價值觀和過去經驗與這些要求做結合，自然被錄取的機會就比較高。

第二，想辦法上網搜尋，把華碩的創辦人、人資主管、你想進入的部門主管，用google做地毯式搜索，對方說過什麼話、受過怎樣的專訪、去過哪些學校或企業演講，都要瞭若指掌，最好還能打電話給他的秘書，詢問他近日是否有公開演講，或在《遠見》《天下雜誌》《工商時報》等平面媒體所舉辦的青年論壇上擔任講者。若是有，你馬上報名參加，在論壇上好好表現，結束時提出好問題，與主講者互動並引起他們的注意，在結束後交換名片，讓對方留下印象。能夠做到這一步，等你實際申請華碩的職缺時，說不定他就是那位面試的主管，既然對你有印象了，錄取你的機會便大大提升。

第三，在面試時，因爲你已把公司的背景、產品，未來遠景方向都做了深入了解，一定要想辦法融入自我介紹中。大家或許不知道，面試主管們最喜歡的，就是當他們在問「你們有沒有問題」時，眞的會主動提出幾個與產業發展、部門業務相關問題的人，而不是傻傻地「一問一答」、表現被動的人。例如，如果是我在被問到爲什麼想進入這家公司時，除了列舉出我自身過去的經歷，足以證明我有相關能力外，一定會提到曾經在某篇專訪或演講中，聽過公司創辦人或眼前的主管，提到公司未來發展的方向，正是我最有興趣、最有熱情的領域，因此當然想投身在這個部門，爲自己也爲公司謀取最大的利益；又或者是我因爲看過施崇棠創辦人的專訪，對公司求新求變的理念十分認同，於是才想進入這樣的公司貢獻一己之力……

能夠這樣回答的人，一定馬上能讓主管眼睛一亮，成爲所有受試者中的焦點。或許有人認爲這樣既愛現又狗腿，但事實證明，這個世界上愛現又「狗腿」的人，往往活得比較好，機會也比較多。其實這不是愛現和狗腿，而是有表現又懂得讚美，在任何一個職場，這樣的人都容易受人喜愛，也能爲自己贏得一次又一次的機會。與其討厭他們，不如學習他們的優點，讓實力堅強的自己，也能有表現、多讚美，那麼順利拿下自己希冀已久的工作，也不是一件難事。

達人錦囊：在職場與人生中，常有許多錯誤但大家卻習以為常的觀念，阻礙了我們的進步與發展。「力求表現，卻害怕成為眾矢之的」──「獲得升遷，是否就是踩著其他人的肩膀往上爬？」──……這些看似殘酷的職場現實，其實都能用聰明的方式來過關斬將、左右逢源。堅持專業又懂得讚美，就是在職場中最能得人喜愛的利器，由此建立起來的人脈關係，也能成為你在職場上最穩固的防護網。

☑ **延伸閱讀：**

1. 《面試聖經》，Rock Forward編著，文經閣出版社
2. 《關鍵一句話，說服所有人》，太田龍樹著，平安文化

我在國外
課堂上和課堂外
學到的事

別怕愛現，在國外一樣要讓自己被看見

出國留學，然後能夠在畢業前找到實習的機會，抑或是利用畢業後那半年的時間狂投履歷，獲得錄取，之後繼續留在該國工作的機率便能大大提高。我之前提過的國中同學Eric，便是在拿到碩士學位後的那半年內，採取「亂槍打鳥」「降低姿態」的策略，把履歷投給了一百多家公司，然後不計薪資所得（當然也不能低到活不下去），先從薪水不高、前景也堪慮的公司開始，透過自身的努力和工作中建立的人脈，而後因爲表現優異被挖角，然後越爬越高，最後決定在監視器的產業自行創業，走出自己的一條路。

我當時在美國雖然自行創業，也找到了在一所知名私立大學教書一年的機會，但由於教育部的公費留學規定，取得學位者，拿了公費幾年，就該回台灣居住幾年，再加上我想當一個亞洲最棒的激勵大師和多國語活動暨節目主持人，在台灣及大中華區有更大的機會，於是我還是盡快回到了台灣。

我離開時，美國正處於景氣最糟糕的階段，加州政府瀕臨破產，由州長阿諾不支薪地繼續苦撐待變。儘管百業如此蕭條，但我隱約覺得美國這個國家不簡單，來日必將再起。因爲它雖然也面臨教育和產業必須升級的瓶頸，但美國用其思想及創意自由的氛圍，以及其他地方無可比擬的資源，吸引了全世界最優秀的人才移民到這個國家爲其效力，也無怪乎後來的蘋果iPhone橫空出世，立刻打趴了原本手機界的龍頭Nokia，並且徹底顚覆和改變了我們使用手機的習慣，其市值甚至把當年稱霸PC世界的微軟給遠遠抛在後頭。

在美國課堂上，體會到積極表現的重要性

記得剛到美國讀書時，最讓我覺得吃力的，除了語言的問題，就是上課討論的方式。爲了彌補英語不是母語的劣勢，我已經很努力地自我提升，也做了課前

的預習和複習，問題是當上課討論時，亞洲學生的「禮貌」，在美國這個環境是非常吃虧的。

一般來說，亞洲的學生都會等別人講完後，再發表自己的意見，但美國文化可不是如此，常常A學生說到一半，B學生若覺得不同意，就會立刻打斷A，開始滔滔不絕地陳述自己的意見，這時C或D要是覺得有問題，也會立刻插入話題，表達自己的看法，大家就這樣你來我往，唇槍舌戰。依照我們台灣人的性格，一定不會在別人說話時插嘴，但若是不插嘴，整場討論下來，根本就沒有說話的機會。更慘的是，也許稍有一個喘息的機會可以插入，另一位同學又將話鋒一轉，你原本準備好的內容就「過時」了，已經不適合當下的主題，得重新在腦中建構新的講法。可惜當你準備好的那一刻，話題又瞬間改變，於是整場討論下來，你成了那個默不作聲的存在，老師也會因此而覺得你沒有準備，進而在心中給了你極低的印象分數。

我剛開始上課時，便是這種學術氛圍底下的受害者。我的老師甚至在三個星期後把我找到辦公室，問我是不是都沒有預習和準備，否則怎麼會在上課時一句話都說不出口？但是當她開始問我幾個書本中的問題，發現我都應答如流時，才知道我眞的有準備，只是上課時沒機會說罷了。

經過那次與老師的面談後，我痛定思痛，決定徹底改變自己「禮貌」的習慣。想在美國課堂討論上有表現，其實也是有方法的。首先，你可以在課程一開始時「率先發難」，先講先贏，把你知道的東西立刻說出來，開始主導這課堂的討論。記得一定要準備幾個問題，在同學討論時直接提出來，並且強迫自己只要一聽到有點疑惑及不認同的地方，立刻大聲說出「but」或「however」，然後發表自己的意見。只要你依照這個方式去準備和應變，老師一定會覺得「哇，這個學生眞不錯，有準備而且積極參與課堂討論。」於是給你高分！

同樣的方法，在你進入美商公司也是一樣，一定要積極地當那個有聲音、求表現的人，因爲這是美國文化，既然來到這個國家，就要表現得像他們一樣，千萬別抱怨爲什麼不是這樣、爲什麼不是那樣。記得，從來只有外來者適應當地文化，還沒有當地國反過來適應外來者的道理呢！

再來是寫作的習慣。我們從小在學英文時，基於華人謙虛的習慣，再加上長幼尊卑的文化，是不會大聲疾呼：「我認爲」「我覺得」的，於是常會有「it is known that...」和「it is said that...」這樣的語法。我剛開始到美國時，老師都會問我：「匡宇，你的這個『it is known that...』到底是誰知道？『it is said that...』到底又是誰說的？我比較想知道你想說的是什麼，而不是別人說的！」我後來甚至學會了「I argue that...」（我論證、宣稱）這種「大逆不道」「自以爲是」的說法，然後提出我爲什麼這麼想、這麼說的理由。這在我們的文化裡簡直是匪夷所思、大逆不道，因爲我們從小都被教育，我們的年紀小、學識有限，在長輩和標準答案的面前要嘛是卑躬屈膝，要嘛該點頭稱是，怎麼可以有自己的想法、不同意見呢？就是有個標準答案在那裡，你只要符合標準答案就是對，不符合標準答案就是錯，別囉嗦那麼多！

但美國人的教育可不是如此，他們鼓勵思考，重點不是你答「yes」或「No」，而是你「爲什麼」答yes或No。標準答案不那麼重要，父母師長更在乎的，是你爲什麼這麼想、這麼認爲？理由和理論依據爲何？辯證的基礎和過程何在？於是在寫作上，我們華人都是先聖先賢說了什麼，所以我們才可以這麼說，進而只有點頭同意的份兒，總是行文到最後，才說出自己那「不成熟」又「卑微」的附和觀點；美國人則是一開頭就針對一個議題說出自己是贊同還是反對，然後才旁徵博引，解釋自己爲什麼贊同或反對，最後再重申自己就是因爲這樣所以才贊同或反對。

這樣的文化延伸到職場，外商公司和台灣本土企業的文化也有著顯著的區別。外商鼓勵員工提出自己的意見，甚至歡迎反對意見，只要你能說出個道理來，經過熱烈討論後試圖尋求共識，然後所有人一齊爲最後的結論付諸行動；台灣本土企業的文化則大多是「風行草偃」「上行下效」，只要是上面說的，底下照辦就是，千萬不要有太多自己的意見，否則可能很快就要捲鋪蓋走人。

如果你要在外國或外商公司工作，一定要深刻了解這個文化差異，盡其所能地去學習、適應這樣的文化，也培養像美國人一樣勇於說出自己意見、勇於表現勇於承擔責任的精神，讓自己在職場上能贏得長官賞識、部屬尊重。

達人錦囊： When in Rome, do as the Romans do!（到了羅馬，行為舉止就要像個羅馬人。）到了別人的國家，就要像他們一樣思考、行動和發言。只有我們去適應人家的環境，別人是不可能來適應我們的。進了一家公司也是一樣，必須盡速適應公司文化，在公司文化的基礎上植入自己的特質，讓你看起來像公司的人，卻同時能帶給公司正面的刺激和提升。

☑ **延伸閱讀：**

1. 《理解美國——美國文化指南》，阿爾滕著，北京大學出版社
2. 《FBI教你讀心術》，喬．納瓦羅、馬文．卡林斯著，大是文化

未雨綢繆，才能永保競爭力

剛到美國讀書時，我眞的有一股意氣風發的氣勢！大家或許不知道，我所考上的這個公費留學，是「含金量」相當高的一個公費留學項目，它支付我三年的學費實報實銷，每個月還有八百五十美元的生活費。也就是說，如果我念的是非常昂貴的常春藤盟校，國家就支付我那些私立學校的學費。雖然我因爲科系的考量，一開始選擇的是加州大學的戴維斯分校，但一年將學費和生活費加總起來，也差不多就是一百萬的花費，三年下來大概在三百萬之譜。而一個月八百五十元的生活費雖然不多，但在戴維斯以及我後來跟著教授蘇珊福斯特轉學過去的加州大學河濱分校附近生活，已是綽綽有餘。

但我也很早就知道，自己就讀的是五年一貫制的學程，要嘛就一口氣拿到博士，要嘛就什麼都沒有，而最快能拿到博士學位的速度，就是五年，也就是說，雖然台灣政府能夠養我三年，但剩下的兩年，必須要自己花錢來念書。如果不想辦法在前幾年經濟狀況良好時多存點錢，剩下的兩年勢必阮囊羞澀，而且說不定求學不順，再多花個一到兩年，到時候無以爲繼，過去付出的努力和時間，豈不全數血本無歸？

於是，我很早就開始未雨綢繆，心想要盡快開始多存一點錢，甚至多面向地開闢財源，如此才能累積足夠的金錢，負擔公費停止後無可避免的支出。還好，我哥哥也是公費生，他比我早三年遇到這個問題，已經幫我想到了解決方法，那就是在自己的學校找到TA的工作。美國加州的大學一般都有這個制度，只要你是該校的研究生，透過申請和篩選，便能夠成爲自己系上或他系的TA，負責幫教授分擔教學時數、批改考卷，一個星期大概工作六到八小時，學校將支付你一千五百美金左右的薪水，並且將學費減免三到四成，以體恤你對學校的貢獻。這個制度，除了是因爲美國許多大學認爲教授的工作主要是研究，教學的事務應該分攤出去以專心研究外，更是爲了訓練研究生早點獨當一面，成爲可以授業解惑的「學者」所做的設計。

我因爲知道這個資訊，於是剛到美國就立刻親自拜訪了自己學校東亞研究系的系主任，詢問擔任TA的可能。我不申請自己系上助教的原因，是因爲我在申請學校時已經註明自己領有台灣公費，據說這樣能增加自己錄取的機率，也把TA的機會讓給其他比我更需要的學生。大家或許不知道，很多美國學生是很窮的，他們要是念研究所沒有學校提供這樣的TA-ship，根本不可能再回學校就讀，因爲他們的父母不會支付這個費用，完全靠他們自立自強，這與台灣的文化和風氣天差地遠。

而也就因爲我的毛遂自薦，再加上我的英語能力尚可，得到了東亞研究系主任的賞識，讓我先當reader（改考卷的助教），下個學期也當上了正式的助教。同樣毛遂自薦的方法，等我結束一年的學業，跟著自己的教授轉學到加州大學河濱分校時又食髓知味，如法炮製，早在決定要轉學過去的幾個月前，就先打電話給河濱分校東亞研究系的系主任葉教授，他一聽我的英語流利、口齒清晰（這就是我一年來用地獄式學習法的成果），原本很驚訝地以爲我是在美國長大的

ABC，後來知道我是從台灣來的舞蹈系研究生，想擔任漢語助教，又有教書的經驗，當然表示歡迎。

於是從我踏上美國土地後的那三年，除了領有台灣的公費加生活費，另外還享受了學費減免，以及每個月一千五百元美金的收入，靠著省吃儉用，一個月多存個五萬元台幣沒有問題，這也是爲什麼我後來面臨公費停止支付時，依然有能力用過去累積的金錢負擔學費，最後拿到學位，這都是及早懂得未雨綢繆的結果。

保持高度警覺性，立於不敗之地

我在攻讀博士的同時擔任東亞研究系的漢語助教，還有另外一個好處，那就是累積了教授漢語的實務經驗，使我的履歷上增添了一筆厲害的紀錄。這也是我日後在爭取韓國弘益大學教職時，能被主試官以「有經驗的教學者」的資格，拿來與其他面試者競爭比較的基礎，不至於被當作一個毫無教學經驗的博士畢業生，而錯失了大好良機。

這樣的觀念與作法，相當值得想要在國外工作的各位借鏡。無論你未來找到的工作是什麼，都要先想到：這個工作如果沒有了，我還能繼續找到下一個嗎？這個工作能夠培養我哪些實力，墊高我在這個領域裡的地位？未來我想要轉換跑道、更換雇主時，有沒有足夠的競爭力贏得新公司的青睞？如果你總是將這些想法銘記在心，工作時必定加倍努力、將自身的資源做最好的分配，努力使自己的績效被看見、也締結良好的關係，讓人脈成爲未來跳槽轉職的推手。

正因爲你隨時都具備高度的警覺性，永遠都在擔心有了這一頓是否會沒有下一頓，所以才能不斷強化自身的實力，這樣反而能確保你永遠具備競爭力，不至於在職場中被淘汰。這絕對不是什麼杞人憂天，大家一定要知道，在職場上很現實的一條鐵則是：**只要你的工作是「別人給的」，對方就隨時有收回去的權力！而你在過程中若是沒有累積一定的實力，便只能成為待宰的羔羊，毫無「加倍奉還」的能力**。因此，務必要隨時保持高度的警覺心，具備無與倫比的上進心，這樣才能將所有的工作經驗納爲己用，成爲雇主不敢割捨，其他雇主搶著要的當紅炸子雞，而累積實力到了某個地步，即使都沒有人要僱用你，你也能大膽創業，走出自己的一片天！

達人錦囊：永遠要未雨綢繆，因為你不知道現在所擁有的資源和財富，會不會在某一天突然化為烏有，所以盡量找到與自己天賦和能力相關的領域，一方面賺取額外財富，一方面累積別人奪不走的實力。

☑ **延伸閱讀：**

1. 《與成功有約》，史蒂芬．柯維著，天下文化
2. 《從A到A+》，吉姆．柯林斯著，遠流出版

妙點子另闢財源，同時累積業務能力

我在美國求學的前三年，的確過得悠然自得，因爲每個月都有台灣政府發給的生活費，以及學費實報實銷，再加上自己擔任助教的所得。不過，好日子總有過完的時候。公費規定只給三年，但在三年內拿到博士，對我這個沒有碩士文憑的人來說，根本就是不可能的事。再加上從二○○三年開始，加州財政赤字惡化，許多ＴＡ的職缺已不再釋出，我也因此不能再繼續教中文的工作，剩下的兩年若想順利度過，只靠著之前積攢下來的儲蓄恐怕不夠，一定要另外開闢財源，於是，我想到了做機場接送與賣電話卡這兩項業務。

在美國，許多有車的留學生容易在學期開始前或結束後，被同學拜託，擔任機場接送的司機。大家大多都會給一些油錢補貼，意思一下。我幫了同學幾次之後，發現我們學校到機場的交通實在非常不方便（請大家一定要知道，美國的大眾運輸是很落後的），若不想麻煩朋友接送，那麼一趟到機場的費用，小巴共乘一人收費是七十元，坐計程車是兩百元，還得給小費。我當下就發現了其中的商機。於是在二〇〇三年年底登記成立了一家公司JC Travel Master（JC旅遊達人），開始了機場接送的工作。

既然是機場接送，那麼利潤的計算就非常重要，如果我的客源只是親朋好友，一定養不活自己，甚至還要每每被拗用「友情價」來接送。於是我靈機一動，決定專注開發「有錢的客源」，自行製作名片，載明價格只要其他公司的八折，共乘還有優惠，並把傳單發送到每一位學校教授的信箱。選擇學校教授擔任我的主要客源，是因為在加州，許多教授的家或許在北加州，但工作的地點卻在南加州，或者因為出差及外州授課，常得四處奔波。這時，一個迅速又可靠的機場接送服務，便成了他們的首選，更何況司機是自己學校的學生？當然給予我極大的支持。而載教授的好處之一，就是他們費用給得很大方，我都說了可以不給小費，他們還是會硬塞小費給我，當作「善心接濟」自己的學生。後來甚至有位心理系的教授，還請我每兩週載著他的母親，從洛杉磯市中心接到Laguna Beach和他們碰面，一天的費用就是兩百美金。我因爲這個工作幾乎跑遍了全南加州所有知名景點，還時常在送老太太去見她家人後，躺在海灘上做日光浴、寫論文，時間到了再送她回家，日子可說是十分輕鬆愉快。

但那是風光的表面，做司機的難免也有心酸的時候。爲了多賺一些錢，我也曾經從Riverside開了七十分鐘的車到洛杉磯機場，又因爲明天一早有客人從他州抵達洛杉磯，爲了節省來回奔波浪費的時間和油錢，於是準備好枕頭被子，睡在自己車上。那時爲了做生意，特地買了一輛七人座的箱型車，極大化我的載客量，也讓自己有休息睡覺的空間。對於當時已經修完博士課程，正在書寫論文的我來說，這個收入不錯，可以隨自己的行程來安排一日時間的工作，是在那時最輕鬆愜意的。而當後來我磨成了精之後，甚至知道把車開到距離機場最近的Hotel，就那麼坐在Hotel的大廳開始書寫我的論文，並且廣發名片，招攬了更多外國遊客的生意，也結交到不少好朋友。

除了機場接送以外，那時我因爲自己有購買國際電話卡撥打回台灣的習慣，甚至也做起了販賣電話卡的業務。當年大部分的留學生都會購買類似刮刮樂的電話卡，我用了幾次之後，發現某一家的品質特別好，於是直接撥打電話卡上面的客服電話，找到了供貨的源頭，一次進貨兩百張，並且開始在校園內以及學校開設的延伸教育中心，搭訕認識亞洲和歐洲留學生。因爲我販賣的電話卡，和他們平時在外面購買的電話卡一模一樣，價錢又比較便宜，進貨價是十元一張，賣他們十六元一張，他們若在其他地方買，卻要價十八元，哪有不和我購買的道理？於是我很快地就將Riverside的市場整個吃下來，成爲當地最大的盤商。

在向陌生學生推銷時，等於同時訓練了我的銷售能力、外語能力、應變能力和厚臉皮的能力，大多時候潛在客戶都很高興地接受我，但也有翻白眼不理會我的人，更有一開始以爲我是詐騙集團、之後卻成爲忠實客戶的朋友。這些經歷，都是我培養自己銷售力的最佳經驗。而且往往只花費五~十分鐘介紹這個產品，就能獲得五塊美金左右的收入，這利潤不可說不大，況且一旦成爲顧客，就很難跑走，畢竟他們永遠都有需求，而我的價格永遠都是最低的。

很多時候，買賣的原則就是低買高賣，並且找對地方，用對的方式銷售，便能產生利潤。類似當年買賣電話卡的手法，我後來在韓國教書時，也用來銷售創見（Transcend）的SDHC記憶卡。當時創見記憶卡32G剛推出時，在台灣只賣一千五百元左右，但在韓國同樣或類似的產品，居然賣到三千兩百元，等於只要賣一張就能賺一張，於是我立刻向台灣的創見進貨十張，並且透過韓國最大的購物網站Gmarket進行販售，由於價格最低，很快就銷售一空了。但做這種生意一定要注意風險及庫存，因爲它跌價很快，我當初眼睜睜看著自己的利潤從一千五百元跌到一千元，再從一千元跌到五百元。最後利潤只剩三百元時，爲了節省時間和心力成本，便決定放棄這項買賣。想要做國際貿易的你，務必張大眼睛，注意自己的利潤及庫存，別讓滿手的庫存害得自己過去的獲利瞬間成爲泡影。

在美國留學可兼創業

再和大家分享一個在美國工作和生活的祕辛。在美國，如果你拿的是學生簽證，依法是不可以工作的，只要工作，那就是違法，在餐廳端盤子、旅館做櫃檯、加油站洗車之類的，全屬黑工。唯一合法的打工，是在自己念書的學校，找到類似圖書館櫃檯或學校餐廳的工作。但美國法律有一個漏洞，那就是他們固然不歡迎非法移民和非法勞工，但非常歡迎創業家，因爲他們認爲創業家是會給美國帶來工作機會的！於是當你先用學生簽證進去拿到居留身分後，就可以用自己的社會安全號碼（類似身分證號碼），來申請成立公司，公司業務順利發展後，再用公司來幫你申請永久居留的身分。就算你沒有打算在美國長久拘留，那麼有一家公司法人的存在，便能幫助你破解留學生不能工作的魔咒，你用公司去接案，所有收入進入公司，再把自己的所有生活開銷都掛在公司名下，這樣你就等於能爲別的公司工作，讓你自己的公司，成爲其他公司的「外包廠商」，然後你再依循會計方法，讓公司的收入流入你自己的口袋。這個訊息，相信能帶給想要去美國或其他國家工作的你一些啓發。

總之，**許多商機就是這樣存在於你我生活的周遭，就看你是否張大眼睛，並且眞的採取行動，讓你的機靈與勤奮帶給自己額外的獲利**。最重要的是，我能迅速融入美國社會、韓國社會，正是因爲我逼著自己和當地人做生意，甚至是購屋、買股票，於是不管是生活、語言，都能在高度壓力下學得特別快。這一點相信能給想要到國外生活的你，提供一個很好的參考。

達人錦囊：從生活周遭找到商機，為自己的海外工作兼差賺外快，同時深入當地文化，也結交新朋友。

☑ **延伸閱讀：**

1. 《樂在工作》，丹尼斯．魏特利、芮妮．薇特著，天下文化
2. 《明日商機》，瑪莉．弗隆著，商周出版

成爲洛杉磯警局的專屬翻譯

在美國的時候，我因爲多元發展，既賣電話卡、又做機場接送，還自行規畫旅遊行程，吸引從日本和韓國來美國短暫學習的留學生成爲我的客人，載著他們在假日到知名景點例如迪士尼樂園、環球影城等地方旅遊。正因爲交遊廣闊，名聲也慢慢傳開，後來幾乎不必自行開發客戶，只要被動地等老客戶回籠，或者老客戶轉介紹新客戶，就足夠我忙得焦頭爛額。

有一天，我忽然接到一通LAPD（洛城警局）的電話。原來，他們透過校方的介紹，知道我中英文都很流利，還做過中國廣州商會來美國參訪團的隨行翻譯，於是想請我爲他們做翻譯，偵訊因爲犯罪被抓到的中國籍不法分子。

看到這裡，你會不會膽顫心驚地以爲我要和洛城警方一起衝鋒陷陣，深入罪犯的老巢出生入死呢？絕非如此！我負責翻譯的犯罪分子，完全不是什麼重罪犯，而是以假結婚名義混入美國，以按摩這種合法營業項目來掩護非法賣淫事實的中國籍女子。那時我幾乎每兩個星期都會接到員警Steven的電話，請我幫他們進行偵訊翻譯，我不禁想，美國的員警眞的很幸運，治安太好，只能在這些小案件上大做文章，但我也樂得收那半小時六十美元的翻譯費。

有一次翻譯時的經驗讓我不禁莞爾。被警察偵訊的中國女孩子告訴我們，她原本在國內東北的醫院做醫學檢驗師。這個回答讓Steven警官大惑不解，要我翻譯：「你在國內的工作那麼好，爲什麼還要跑到美國來做按摩呢？」該女子的回答讓我笑到岔氣，差點翻譯不出來。她回答：「哦，因爲我練法輪功，所以是來美國尋求政治庇護的。」

其實那些賣淫的女孩子，背後大多有人蛇集團操縱，於是研究出這個「官方說法」，企圖規避警察的詢問及求刑，而有些女孩子甚至會在被偵訊時歇斯底里地哭鬧，各種光怪陸離的景象眞是讓我大開眼界，也成爲我在美國留學時與眾不同的回憶。

後來又因爲朋友的介紹，我還加入了由移民美國的台灣華僑們所組成的「侖倫劇坊」，跟著團員接受戲劇的訓練，還登台做了幾場表演，期間受到旅美相聲大師吳兆南的指點，讓我的肢體和演技都有長足的進步，甚至後來還有機會成爲當地華人電台的廣播主持人，但因爲我要回台灣，又沒有美國人的身分而作罷。這些經驗，都成爲我後來演講的素材，那些曾經下過苦工的肢體訓練，也讓我站上舞台、面對鏡頭時不至於恐懼，眞是惠我良多。

輕鬆建立社交圈，融入當地生活

許多人到了陌生的國度，因爲沒有結交新朋友的能力，常常容易覺得孤單，等孤獨感累積到一個臨界點，就會受不了而放棄在當地的學業與工作，回到台灣。但我從來沒有孤單的問題，因爲我隨時都能結交新朋友。在此我想分享幾個認識陌生朋友的方法，讓你在異地工作或生活時，能認識志同道合的夥伴，使你對當地的生活更能迅速融入，游刃有餘。

想要認識新朋友，當然可以用我前幾本著作例如《搭訕聖經》中介紹的方法，透過技巧性的攀談，來認識陌生人。但比起在路上隨機搭訕，選擇一個「對方覺得自然而然的地方」，顯得格外重要。何謂自然而然的地方？其實只要是你覺得有點興趣的公開活動，都是別人容易覺得自然而然認識新朋友的場域。例如，每個城市、地區都會定期舉辦跳蚤市場、文藝慶典、主題活動，你只要常常翻閱報紙、觀看電視，都能找到相關訊息，只要人到了那個地方，就能藉由很多的「巧合」，與陌生人自然地做朋友。

例如，你來到了一個跳蚤市場，或者類似台北的天母及信義區華納威秀等地的假日市集，在那些公開的場合，常有許多表演團體、商人小販、逛街顧客。你可以藉由「假裝問問題法」，詢問可愛的店員這個飾品的價格、用途，然後展開對話。如果剛好是在一場藝文表演中，對方更會因爲你也剛好出現在這裡，想必也是對藝文活動有興趣的「好咖」，而對你產生先入爲主的好感。這時你可以藉由介紹自己是從台灣來當地工作的外國人這個話題開始，以主動丟出自己訊息，換得對方訊息的方式，慢慢展開話題，然後要到連絡方式，並相約下一次一起參加類似的活動。

這樣的行爲，在歐美國家簡直就是全民運動，司空見慣。我在美國一次旅行的途中，因為熱心地主動幫一對老夫婦拍照，他們後來很熱情地將電話和email給我，還邀請我下一個假日去他們的豪宅度假，甚至把他們的女兒介紹給我認識，透過他們的女兒Karen，我又認識了更多住在當地、不同領域的朋友。

在認識新朋友後，有一個深化彼此關係的鐵則，那就是勤於連絡。但連絡時最好能有一個彼此都有興趣的「話題」，作為延續關係的基礎。我在單身時最容易和其他的單身男性朋友做連結的方式，就是聊「交女朋友」這個話題。為了能找到女朋友，我們會一起相約去酒吧、去海邊、去朋友的party，很自然便能加深彼此的情誼。你也可以透過觀察，用彼此都有興趣的話題，來加深彼此的情感。我的另一位好友Nickson則是用「看漫畫」「看科幻電影」「參加科技研討會」來維繫跟新朋友之間的友誼，效果也非常不錯。

現在交朋友的工具更多更先進，到了當地國，點開微信、QQ之類的交友軟體，會發現方圓一百公尺到一百公里內，有一大堆想認識新朋友的男男女女。這時，如果你不放自己的照片、不寫自己的簡介，純粹丟個訊息說聲「Hi，你好，我想認識你」，是很容易被打槍的。**無論是網路交友還是現實世界的交友，有一個確保人氣高漲的原則，那就是「把自己的生活過好」！**這也是我為什麼從來不擔心交不到新朋友的原因，因爲新朋友一認識我，就有參加不完的藝文活動、跑不完的時尚Party以及認識不完的帥哥美女，當然他們喜歡加入我的朋友圈。

而想要用交友軟體認識新朋友的人，也別忘了把自己活得豐富精采的照片隨時上傳到自己的空間，讓陌生朋友在還不認識你時，從照片和文字中就發現你是一個樂觀積極、正向陽光、喜歡旅遊、交友廣闊、熱愛美食、富有品味的人。那麼你的一聲「Hi」過去，對方便很容易熱情回應，聊個幾句後就發現，你們去過相同的地方、甚至有相同的朋友，那麼要約出來更進一步也不是什麼難事。善加利用這些原則與工具，到了任何一個陌生的地方，都能「另起爐灶」，建立起一個堅強又有趣的社交圈。

達人錦囊：趁著年輕，多方嘗試，所有的甘苦，都會是未來美好的回憶。而那些精采的生活體驗，千萬別忘了上傳到你的臉書、微信或Line，成為你交友時最好的名片及社交認證。

☑延伸閱讀：

1. 《搭訕聖經》，鄭匡宇著，麥田文化
2. 《魅力學：無往不利的自我經營術》，奧麗薇亞·福克斯·卡本尼著，天下文化

不要臉+不怕死+敢做夢，

你要的一切

手到擒來

成功無他：先不要臉，再不怕死

許多人都很好奇，我的日語到底是何時開始學習，又是怎麼專精的？

話說當兵時，我很努力地準備預官考試，目的在於擔任預官的收入不但比大頭兵多了三倍，比較不會被老兵欺負，而且有更多自己的時間，好準備我那「非上不可」的公費留學考試。後來果然讓我考取預官，我便利用空閒時間積極準備公費留學考試。在順利贏得公費後，我又心想，接下來還有一年半左右的兵役時間，該如何做有效的利用呢？我靈機一動，不如把握這個對其他當兵的人來說「什麼都不能做」的時間，多學習一種外國語，增加自身的競爭力吧！而日語，便成了我的首選。

那時我在屏東的空軍機場服役，擔任政戰官，很希望每天都能去「地球村」補習，可惜當時的地球村在屏東沒有分校，得到高雄才能上課，平日時間不夠，只有週六日能夠坐火車前去補習，於是雖然學了一年半，效果實在有限。後來到了美國讀書時，我心想反正研究所學費都繳了，大學部的課也能隨便修多少算多少，那就繼續加強自己的日文吧。於是我選修了日文，在班上靠中文實力當基礎，當然是名列前茅，但只有我自己知道，日語的讀和寫問題不大，聽和說卻是結結實實的「硬傷」，一定要用非常的方法，才能做有效的提升。

機會來了！我們學校的日語學程，透過主任教授的牽線，跟日本的兒童福利機構有著深厚的關係。所謂的兒童福利機構，其實就像是台灣的中途之家或育幼院，收容一些被父母拋棄、遭父母暴力虐待、或因故失去父母照顧的孩子，由政府指導出資，讓他們能在比較正常的環境中長大，孩童年齡從一、兩歲到十七歲都有。從五、六年前開始，我們學校每年都會派出六到八位學生，前往日本各地的兒童福利機構當志工。雖然要自付機票，但到了當地之後，與兒童福利機構的孩子和老師住在一起，食宿全免，除了和孩子們一起玩，偶爾還能與他們進行校外教學之類的文化探訪活動。

我因爲修習日文而得知這個文化交流的訊息，心想「機不可失」，這是一個能夠發揮愛心，又能體驗日本庶民文化、一次把日語能力迅速提升的大好機會，豈有不去的道理？但問題在於，這個志工派遣計畫，從第一年開始就只有大學部的人參加，雖然也沒明文規定研究生不能加入，可是我去的話好像「怪怪的」。但我不管！只要是能對日語能力提升有幫助的事情，就一定要做！但可想而知，甄選的競爭十分激烈，我該怎麼做，才能被選上呢？又該在面試時做什麼樣的事、說什麼樣的話，才能脫穎而出呢？

除了基本的日語能力要能夠通過面試教授的標準外，我爲了贏得這個機會，還做了一件非常不要臉的事！當其他人在面試時都只能乖乖地、傻傻地用「說」的方式回答問題，我則有備而來，除了用還算流利的日語（在家死背後的成果）回答外，當教授問到，我會不會和日本兒童福利機構的孩子因爲年齡差距而有代溝時，我立刻演唱連日特別模仿的日本流行歌曲，還帶動唱呢！

那時在日本有一首非常流行的歌曲，是由SMAP的團員香取愼吾演唱，他化妝成家庭主婦的樣子，教小朋友一些料理和生活知識、禮儀。我爲了能夠讓自己看起來「年輕一點」「孩子會比較喜歡」，就在面試中模仿起香取愼吾的「愼吾媽媽」，果然贏得滿堂彩。而且不止如此，我還額外大贈送，模仿起一位唱起歌很有特色，好像邊唱邊哭的河村隆一的〈I For You〉（爲你）。整場面試就屬我最活潑有趣，評審哪有不要我的道理呢？

果然後來我順利錄取，在日本當志工的那兩個月，每天和孩子、老師們相處，說日語、打棒球、踢足球、看日本電視，日語聽說能力獲得了飛躍式的進步，也奠定日後自學日語和面對日本人時侃侃而談、毫無障礙的溝通基礎，想來都要感謝自己那時的「不要臉」啊！

積極展現熱情和「非要不可」的決心

說到因爲不要臉而獲得機會的經驗，還眞不止一個。記得當年在政戰學校受預官訓時，幾個連隊和政戰學校共同舉辦了一場軍歌暨歌唱大賽，第一名有八千元獎金，第二名有五千元獎金，外加記功嘉獎。參加這種比賽不僅能賺錢，還能請公假，哪有不去的道理？那時在我前面的一位同梯選手歌聲還眞不錯，軍歌唱得中規中矩，自選歌曲也悅耳動聽。但當他結束歌唱下台時，我拍拍他的肩膀說：「兄弟，你唱得很不錯，但很抱歉，你是贏不了我的！」

我爲何有把握那麼說呢？其實不是因爲我眞的唱得比他好多少，而是不要臉的動作比他多很多！別人唱軍歌，大概就是一臉嚴肅，頂多加個原地踏步顯示軍人的雄壯威武，可我不是，唱著「蔚藍的天空坦蕩心胸，燦爛的陽光炙熱豪情……」時，厚顏無恥地邊唱邊擺動作，唱到蔚藍的天空手往天際一揮，唱到坦蕩心胸則往自己胸脯一拍，再順勢比出白冰冰小姐當時主持節目最流行的「蓋高尙」（讚）的手勢，也無怪乎能贏得台下評審長官的青睞。

試想，當大家的歌聲都差不多時，「動作比較到位或豐富」的人多拿個幾分，也是很正常的事，不是嗎？雖然最後我沒有拿到第一名，敗給了政戰學校的少校學長，但大家都心知肚明，第一名其實應該是我，只不過爲了「好看」和長幼尊卑，才先把第一名給了學長。我呢，雖然屈居第二，但也是又拿獎金、記功還兼放假，羨煞了不少同袍，這又是一個不要臉而贏得更多機會的最佳例證。

當你進入職場，尤其是申請一些類似海外工作和外派機會時，僧多粥少，名額就是那一兩個，要是兩位候選人條件都差不多，評審委員到底會選擇哪一位呢？如果你和評議委員有良好的關係，當然可以加分，但當你沒有人脈或特殊關係時，靠的就是臨場的表現。

這個時候，大膽地「不要臉」，把你最好的一面，以及超乎他人想像的準備給呈現出來，這不但能瞬間讓你脫穎而出，最重要的是能讓主事者感受到你的熱情、積極、以及非要不可的決心。**機會除了是給準備好的人以外，也常常落在「最想要」的人身上。**別再擔心別人怎麼看你、會不會覺得你太不要臉……當你有點猶豫時，想想看：是爭取不到這個機會帶給你的痛苦比較大？還是別人的閒言閒語比較重要？答案自在你的心中！

達人錦囊：「樹木無皮，必死無疑；人不要臉，天下無敵。」拋開你那無謂的面子和自尊，用實力、勇氣與謀略贏得你想要的機會吧！

☑ **延伸閱讀：**

1. 《讓天賦自由》，肯．羅賓森著，天下文化

2. 《最後的演講》，蘭迪．鮑許、傑弗利．札斯洛著，方智

優秀的輸給不怕死的

前面介紹完不要臉的例子，現在再來介紹一個不怕死的故事。不管是爭取國內，還是國外的機會，總歸起來有一個簡單的心法，那就是先不要臉，再不怕死！通常具備這兩個心態，再搭配充分的準備、事後的反省，以及職場中不斷地進修提升，你將爲自己贏得一個又一個的機會，打造一次又一次屬於自己的戰功！

說到不怕死，就一定要提到我二○○四年參加在香港舉辦的「海外傑青滙中華」活動。在香港有許多有錢人或類似賽馬協會的組織，爲了讓本來應該繳交給政府的稅金做更好的運用，達到提升企業及個人形象的目的，每年都會捐款給一些活動或組織作爲營運的經費。「海外傑青匯中華」就是這樣一個受到多方贊助的活動。這個活動在每年的七、八月份舉行，甄選從世界各地報名的大專及研究所優秀青年，先在香港匯集，再出發前往中國大陸的幾個大城市。例如我參加的那一年，去了深圳、廣州、上海、西安，最後到了北京與其他類似的活動團體會合。其他年份的路線則有河南嵩山少林寺、成都、甚至是新疆烏魯木齊等地。

參加這個活動，所有的花費，包括食宿、旅遊等，都是由主辦單位負責，成員只要負擔到香港的機票，之後不但能認識來自世界各地的優秀華裔青年，到了中國大陸後接待我們的，除了北大、清華和復旦等一流學府的學生外，更有知名企業的負責人和黨政高層。等於是一趟旅程，就將大陸的人脈資源做了最好的建立與深耕。

這樣等於免費的好康活動，豈有不去的道理？又能免費旅遊、還能建立人脈，對於我這個想要在華人市場開疆闢土的人來說，正是一個不可多得的機會。於是當我一知道這個活動的訊息，便立刻報名。只不過，不知道是因爲我的自傳和申請信寫得不夠好，還是那年（二〇〇二年）申請的其他成員太過優秀，我在十二月收到主辦單位的來信，表示「因申請人數過多，難免有遺珠之憾……」，就這麼被拒絕了。雖然不能參加這個好康的活動有點可惜，但由於我個性積極進取，一定能在暑假找到別的事情做，也就不至於太過在意。

連SARS都擊不退的勇氣

沒想到，就在隔年（二〇〇三年）的三、四月，香港爆發了讓民眾十分驚恐的SARS事件（嚴重急性呼吸系統綜合症）。昔日的東方明珠瞬間成了人人自危的「鬼城」，房市大跌，股票崩盤，從新聞報導中可以看到，每個人的眼神都露出極度恐慌。

我在美國看到了這個消息，立刻寫信給海外傑青匯中華的主辦單位。我告訴他們，現在SARS十分嚴重，希望大家一定要好好保重自己。然後話鋒一轉，告訴他們，正是因爲SARS來襲，相信二〇〇三年的海外傑青匯中華活動，一定有許多原本錄取的海外傑青擔心被感染疾病而不敢前往香港參加，請務必讓我遞補他們的位子，我要去香港，和香港的人民站在一起，對抗SARS！

一個月後，我收到了主辦單位的回信，他們雖然感謝我的支持和鼓勵，但也直接告訴我，由於SARS疫情十分嚴重，該年度的活動全面取消！我心想，都已經使出把命豁出去的絕招，卻依然沒有成功，那大概就是天意如此，眞的不要我去這個活動了吧？於是，我乾脆就徹底放棄了，也許隔年再申請一次看看。

沒想到，二〇〇三年底SARS疫情得到控制，香港又恢復了以往的繁榮。有天我突然收到海外傑青匯中華主辦單位寄來的email。我以爲是提醒我記得申請二〇一四年活動的通知信，沒想到打開一看，主辦單位是這麼說的：「匡宇，您好，一轉眼又到了二〇〇三年的年尾，我們要開始準備二〇〇四年的活動了。由於您去年在SARS期間對我們的支持與鼓勵，大會決定，今年您是當然的活動成員，不必再與其他人競爭甄選名額，只要直接把您的護照影本及相關資料寄給我們即可。我們香港見！」

我當下雀躍不已，高興得說不出話來！就這樣，我那年很順利地去了香港和大陸的幾個大城市，結交了許多好朋友，建立了各省的人脈，甚至最後還在北京的人民大會堂擔任主持人。這都是因爲我當時「不怕死」努力爭取機會的舉動所帶來的美好結果。

審慎評估，勇於爭取

因此，我特別鼓勵想要去國外工作的年輕人，積極把握這種「別人怕死」「不敢去」的機會，用你的果敢與行動，將千載難逢的海外工作機會給搶下來。在過程中培養出來的能力經驗，將成爲你一生的資產。例如，東南亞大海嘯後，一定有許多人不敢去東南亞工作，害怕下一個海嘯來襲會屍骨無存。這時，那些地方一定有空缺，只要你敢爭取，機會往往就是你的。日本發生地震、核災之後，多少人不敢去日本，就擔心再遇到地震或核污染，這個時候，許多外國人工作職缺自然就會空出來，只要你敢申請，機會往往就被你緊緊抓住。

不過當然，適當地評估考量，保護自身的安全，還是最重要的。**高風險往往伴隨著高報酬，只不過你可以在別人只看到高風險的時候，發現隱藏在其中、事實上一點也不危險的機會，那麼幾乎就可以「穩賺不賠」**。以日本發生核災爲例，許多在日本的外國人都想辭職回國避難，而日本以外其他地區的人們也被媒體影響，覺得整個日本大概都會被污染，昔日的經濟大國眼看就要「垮台」了。但其實想也知道，日本國土很大，本州受污染，還有四國、九州及北海道，不明就裡的人，就這樣放棄在本州以外的機會，而造成大量的職缺，這時你「不怕死」地申請，機會就會是你的！

我一位住在日本的中國朋友，本來在求職時被歸到候補的教師名單中，正是因為原本的錄取者害怕下一個地震及核災緊接而來，自動放棄、回國避難，而順利遞補上了那個位子，等於未來十年的工作機會都得到了保障，這便是「不怕死」能為自己開創好機會的最佳例證！

最後還要提醒大家，千萬別讓意識形態害了你，阻斷了自己認識世界、擴大視野的機會。以海外傑青匯中華這個活動為例，一定有些讀者會認為，這根本就是大陸搞統戰的伎倆，萬一去了被洗腦、收編怎麼辦？他們因為國族意識的問題，自願放棄這樣一個免費去大陸看看、結交朋友也墊高自我實力的機會。

殊不知，越是討厭你的敵人，越應該去了解他、認識他，這樣才能知道未來應對他們的方法。中國大陸已經是全世界都不可忽略的存在，連美國、歐洲各國都要看她的臉色，你卻連接近、接觸和了解都不願意，豈不是掩耳盜鈴，井底看天？

與其因為討厭、害怕而拒絕接觸，還不如更積極地去靠近、面對、左右逢源。能把中國市場打下來，其他的市場也就不再那麼困難，能夠搞定中國人，幾乎等於能搞定世界其他人種，這是因爲你在和他們交手的過程中，姿態擺得夠低、眼睛張得夠大，手腳反應得夠快。擁有這樣的能力，未來進入任何一個市場，你都能保持謙遜，也迅速掌握狀況，這不正是一個國際工作人最應該具備的心態與能力嗎？

達人錦囊：一時的拒絕不是拒絕，只是老天看看你是不是「真心想要」的測試。這個方法行不通，就換個方法；這個人說服不了，就換個人說服；這事兒今年幹不成，明年接著幹，這樣你一定能得到你要的，雖然它也許會用不同方式呈現在生命中。

☑ 延伸閱讀：

1.《堅毅：認定自我、堅持到底的林書豪精神》，西恩·德維尼著，美商麥格羅·希爾

2.《新絕對成交》，羅傑·道森著，美商麥格羅·希爾

激勵大師助我克服論文寫作低潮

我在美國的前四年，眞的覺得自己未來應該就是在舞蹈系授課的教授，於是非常努力地學習，並且試著用我在課堂上學習到關於史學、人類學、社會學以及文化研究等領域的理論，來解構分析我的論文主題。我的論文主題很有意思，是從青訪團的舞蹈，來看台灣意識的演變，從原本的大中華思想，到本土意識抬頭，接著強調多元種族文化，這些微妙的演變，都能在青訪團的舞碼中找到蛛絲馬跡。而在訓練團員的過程中，透過思想教育和嚴格的體罰，打造屬於台灣的「國家身體」、植入「愛國精神」，讓這個不屈不撓、應變迅速的團體，猶如在風雨飄搖中屹立不搖的台灣一樣，持續綻放著光芒。

勾勒美好願景，順利取得博士學位

論文的大方向有了，但實際書寫可一點也不容易。修習過碩士或博士學位的人大概都有類似的經驗，論文寫到一半，通常就會「卡」在那裡，進退兩難，想要放棄，卻捨不得已經投入的時間、精力與金錢；想繼續寫，又發現找不到足夠的資料，或者沒有信心、也沒有熱情將這個半成品做最後的加工。許多研究生在這個節骨眼上，不是想辦法繼續完成論文，而是開始思考起「生活的目的」和「生命的意義」，每天起床之後，會去做任何其他的事例如種花種草、做菜洗衣，甚至投身公益，但就是不想碰電腦裡的論文資料。

我當時也遭遇了類似的困難，但除了過去四年的投注頗多、不想放棄外，我和大多數的研究生一樣，身上背負的，是父母的期待、自我的期許，尤其我拿的是台灣的公費，說什麼也應該爲國家爭一口氣，否則豈不是辜負了廣大納稅人的栽培？於是心裡告訴自己怎麼樣都不能放棄。只不過鼓勵自己歸鼓勵自己，一轉頭看到電腦裡的論文，雄心壯志又洩去了大半，我該怎麼辦？

這時我忽然想起，彷彿曾經在電視廣告中看過一些所謂激勵大師的身影，他們在廣告中鼓吹自己的書籍和產品，能夠幫助大家設定目標、克服困難。於是我靈機一動，心想不如在ebay上找找相關產品，說不定能對陷入寫作困境的我有些幫助，而且就算沒有幫助，至少內容是英語，最起碼還能加強英語的聽力及口說。於是我上了ebay，輸入motivational speaker這兩個字，映入眼簾的前十個商品居然都是同一個人的ＣＤ教材，他就是全世界最知名的激勵大師——安東尼・羅賓。

我當時爲了省錢，並不是買ＣＤ，而是買卡帶，而且買的是二手貨，只花了美金十元，加運費共十二元，就入手了安東尼・羅賓的《自我能量——喚醒心中的巨人》。收到卡帶的當天，我就在睡覺前放來聽，這一聽不得了，我簡直覺都睡不著了，連續一個星期把教材全部聽完，每天都充滿著正能量，而且知道用怎樣的方法來調整心理與生理的狀態，使自己永遠都信心滿滿，精神抖擻地坐在桌前，快速地繼續論文的寫作。

安東尼・羅賓的教材到底有何神奇之處？簡單與大家分享一下。其實他的理論源自神經語言學（ＮＬＰ），說穿了就是：人都是追求快樂避免痛苦，以及必須慎選對於一件事情的定義，因爲正確的定義會帶來正確的思想、行爲和結果，反之則是錯誤的思想、行爲和結果。把這個方法用在寫論文，我的作法便是給自己一個美好的未來願景，告訴自己順利完成論文拿到學位後，我就是全華人區第一個男性舞蹈博士（其實那又怎樣？）、一定能找到大學教職的工作（那可不一定）、想上節目擔任特別來賓會更有憑有據（事後更證明那是無稽之談）、能贏得更多人的敬重（討厭我的人還眞不少）、父母會因此而感到欣慰（他們的確高興了一下子，但馬上又有更多要求）……腦中有了這些美好的藍圖，每當論文寫作遇到瓶頸或十分疲累時，那些美好的畫面又刺激著我繼續奮力向前。就這樣，原本以爲寫不完的論文，就在半年後順利完成，而我也拿到了當時夢寐以求的博士學位。

剛才談的是思想方面的工作，在實務方面，針對想要和我一樣能迅速把論文寫好的朋友，還可以像當時的我一樣，找幾個模範典型。只要受過研究所的訓練，我們在閱讀其他人的學術研究或博士論文時，一定能很「識貨地」知道誰的內容好，誰的內容很糟糕，只要選擇一篇和你的主題有點類似的好論文，翻閱作者到底引用了哪些理論、怎麼用的，將那些理論套用在自己想要做的研究方向上，不就成了一篇論理有據的好文了嗎？這裡我必須很老實地告訴各位，文科的博士，很多時候就是要「硬套理論」，雖然你怎麼都不覺得原作者、文學家或藝術家有那個想法，但沒辦法，你一定要有「我說了算數」的精神，把適合的理論融入你的論述之中，只要你能自圓其說，合情合理，那麼就沒有人能說你講得不對。

以上說的是文科的方法，如果是理科，我想一定也有經典佳作或相關領域的傑作，裡面只要有提到的文獻數據，都是你拿來善加引用，並且幫助你找出自己要的研究結果的最佳工具。向已經成功的典範學習，永遠好過自己天馬行空地亂想亂湊。但這時切記千萬不可照抄，引用時一定要註明出處，否則就是剽竊，不但文章不具任何價值，還可能吃上官司，丟了學位。

在獲得學位的實務上，有一個更重要的關鍵，很多人都不敢明講，只有我敢在書中大膽地告訴你，那就是想拿到碩士或博士學位，比論文品質更重要的，是「指導教授喜不喜歡你」！這才是決定性的因素。只要他（她）喜歡你，會用各種方式幫助你完成論文，也說服其他的教授支持你，但如果不喜歡你，那麼即使你做的研究再好，指導教授也能雞蛋裡挑骨頭。因此，拿學位從來不只是做研究這麼簡單而已，而是一場深具權謀性和藝術感的人際學啊！

以上提到的觀念，用在職場上也是一樣。我們永遠應該要擘畫出美好的願景，當作是工作時的藍圖，所有的努力都朝著既定的目標邁進，過程中找到明師或前輩當作自己的模範典型，隨時向他們請教，把他們會的、曾經做過的，都消化成爲自己的養分及能力，甚至要求自己做得比他們更好，並且把握好與上司之間的距離和關係，讓他們看到你的努力、偶爾接受你的請益、得到你衷心的感謝與讚美。如此一來，你的職場升遷之路豈有不順遂的道理？

達人錦囊：設定目標之後，盡量放大達成後的快樂，來激勵自己採取行動；同時強化不去達成後的痛苦，便能為了避免痛苦而採取積極的作為。最好還能找到相同領域的模範典型，與模範典型採取同樣的觀念、相同的作法，那麼你就算達不到完全一樣的水準，至少也是一人之下，萬人之上，遙遙領先其他人。

☑ **延伸閱讀：**

1. 《喚醒心中的巨人》，安東尼．羅賓著，中國生產力中心
2. 《這是我要的人生嗎？其實，你可以活得更篤定》，盧蘇偉著，寶瓶文化

一個提案，帶來百萬收入

當年在美國接觸到安東尼．羅賓的理論後帶給我的巨大影響，除了論文的迅速完成、拿到學位外，還有一個更重要的，那就是自我探索與認識。我發現「有爲者亦若是」，原來我眞正想成爲的，是像安東尼．羅賓這樣的激勵大師，出一本書，全球暢銷五千萬本，主講一天的激勵講座，收入至少四百萬台幣。其實我在乎的並不是錢，而是許多參加過安東尼．羅賓課程、受他演講激勵的人，都走出自己的一片天，在自己的領域發光發熱。台灣知名的演說家、教育家和前法院觀護人盧蘇偉老師，就是在安東尼．羅賓的幫助下，完成了自己的夢想，也激勵了更多人。我發現，這才是我想做的事，而不是拿到博士學位後，只在大學對著舞蹈科系的學生授課，並且爲了教職升等，寫一些沒什麼人看的論文。站上更大的舞台，發揮更大的影響力，這才是我眞正想做的事，而在達到激勵達人這一步之前，若能有知名節目主持人的名氣加持，到時候一定能激勵更多的人，這長期與短期的目標在我腦中成型，而且益發清楚。

於是我完成學位、回到台灣後的第一件事，就是出書！因爲我知道，有了書本，才容易引發注意、聚集粉絲、深化理論、提升人氣，因此出書是一條一定要走的路。當時我沒有任何經驗，也沒有任何背景，到書店翻開每本暢銷書的版權頁，抄下出版社名字、總編輯姓名、公司電話、email與傳眞後，回家擬好出版提案，然後「亂槍打鳥」地將寫作提案寄給了二十幾家出版社。

當時我的出版提案很清楚，而且只有一頁，分成幾個重點，除了醒目的書名、清楚的大綱、自己的連繫方式外，我特別強調訴求讀者是十五歲到三十五歲間，進入青春期和想認識異性的男孩女孩，並且直接點出書的賣點——它將是台灣史上第一本以搭訕、認識異性爲主題的專書，內容全都是作者親身經歷，還附眞人照片，實用又有趣，能夠徹底抓住讀者的眼球，滿足他們的好奇心和交友欲。

以這樣的內容，大概一頁，頂多兩頁，便清清楚楚，能讓出版社決定是否要出版你的書了。這個提案成功吸引了三家出版社在一個星期內連絡我，最主要原因當然是主題特殊，而且最重要的是，我說服了出版社「這本書是能賺錢的」。要知道，出版社出版一本書，除了極少數爲了做口碑以外，就是爲了賺錢，賠錢的生意沒人要做，想要說服出版社投資你的書，至少得讓他「不賠錢」吧？而我的分析和大綱的內容，完全挑起了出版社的興趣，果然一炮而紅，在當時創下了剛開賣就立刻加印的紀錄，即使到今天，我依然能拿到那本書（後來與第一次搭訕就上手被編成《搭訕聖經》）的版稅。

你才是讓自己業績大爆發的最佳推手

後來，我又陸續出版了十七本書，包含簡體版，總共超過了二十幾本。幾年下來，我發現除了幾家較具規模的出版社在通路和行銷經營得十分成功以外，其他出版社都只是「把書出版了之後就祈禱它賣錢」，對於書的銷量、作者的曝光、後續宣傳……能力實在有限，於是我勢必要自己做一些事情來強化推廣，否則書的銷量停滯，很快成爲一堆放在倉庫的賠錢貨，無法有效傳播我的理念與精神，更無法成爲幫助我當上主持人和激勵達人的宣傳工具。

於是近幾年我摸索出了一些能夠有效賣書的方法：

1.書的內容一定要好。目前坊間的出版品那麼多，競爭十分激烈，所以在內容、封面和編排上要有一定的水準，否則通路不會把你的書擺在明顯的地方，讀者自然也看不到你的書。

2.身爲作者，必須要勤快地與讀者們互動。我通常從書的命名開始，就會在臉書和部落格上公布消息，要大家一起參與新書的命名，經評選採用者，將有送書的優惠。

3.現在既然有臉書粉絲團這樣的平台，就更要好好運用。以《一開口，就擄獲人心的說話術》爲例，我有幾項創舉，例如請出版社幫我做好臉書的封面刊頭，除了放在自己頁面上以外，還公告所有粉絲及朋友，只要他們願意把自己臉書的封面也換成我新書的封面，爲期一個月，我就會送他們一堂價值五千元的演講課。而買了書的朋友，只要與書合照後寄照片給我，我就在一個月後的某一天，將沒有收錄在台版書中的附錄、十則分析當代演講名家包括大陸馬雲、王石、周杰倫演說的精華，直接寄送給大家。最後一招則是請看完書的人上網路書店寫下讀後感，我會在台北、台中和高雄各舉辦一場感謝下午茶，請寫下評論與讀後感的朋友喝咖啡。這一連串的動作，果然帶動了書的銷量，在一個月內就衝出六千本的銷量，也登上了網路書店分類排行榜的第一名。

4.拿著自己的書，拍攝關於書的介紹影片，放上youtube等免費媒體，最好還能自掏腰包花一些廣告預算，讓影片的受眾更加廣泛。

5.透過與實體書店的配合，舉辦全省的簽書暨演講會。雖然這個方式的效果不見得多大，但每一雙握到的手、每一張合照的照片，都可能使對方成爲你的忠實粉絲，想要長久經營讀者的人，一定要這麼做。

6.請出版社寄書給各大電視台、廣播電台和節目製作公司，安排上節目打書。

7.把書寄給各大公司和學校的福委會、教育訓練單位、學生會或課外活動組，搭配電話連繫及問候，爲自己增加演講授課的場次，並且搭配賣書。

以上這些作法，其實對於任何一個從事行銷、業務的工作人，絕對有啓發的效果。你可以依樣畫葫蘆，或者稍微調整之後，以適合自身銷售產品特性的方式來呈現，一定能增加你的業績。而對於從事內勤或後勤單位的工作人，我則要特別鼓勵大家，很多時候，異業合作或陌生開發這件事，眞的沒有你想像中的那麼困難，不是非得認識什麼人、或者有人介紹，才能打開合作的大門。

看看我的例子吧！出版第一本書之前，完全沒有任何出版界的人脈，全憑一個不錯的提案，撥打二十通可能有人理我、更有可能被拒絕的電話，卻帶來之後百萬版稅的收入，以及名氣的累積，實在是太划算了。我後來有一本《正妹高峰會》，與知名的演藝經紀公司多利安事務所合作，他們旗下的藝人瑞莎、吳亞馨、宋紀妍等人全都成爲我書中的主角。這樣的合作，同樣開始於一個提案、一通電話加上一次誠懇的拜訪。就連我後來在韓國與朋友從事風力發電，憑著不夠流利的韓文，一樣能與三星重工、現代重工和大林重工的項目負責人取得連繫，獲得合作的機會，用的都是類似的原則與方法。

當你需要人脈時，不要害怕，想想你能提供什麼特殊的價值？能創造怎樣了不起的利益？可能有哪些願意合作的單位？接著拿起電話撥過去，表明你的意圖，連繫到Key Man（業務負責人），然後條理清晰、從容禮貌地把你想要促成的合作及方法，簡單地與對方分享後，便極有可能促成一次雙贏的合作。現在是一個憑實力和創意的時代，只要你把握上述方法，一定能爲你自己和公司締結良好的關係，創下難得的佳績。

達人錦囊：如果你不是從事自己有熱情的工作，那麼現在轉職永遠不遲。因為道路隨時可以改變，重點在於你是否真的有心在一個領域辛勤耕耘。另外，職場上的關係締結，並沒有許多人想像得那麼困難，不是非得要親友介紹、產品超強；每個領域的潛在客戶都有各自的需求，重點在於你是不是接觸得夠多，並且能切中對方的需求。做足準備，直接撥一通電話過去，告訴潛在客戶你能夠帶給他們的利益，往往就能成交一筆生意！

能夠同理別人的痛苦，才能找到自己的希望。

全台灣最會說故事的主播　陳雅琳，
用生動感性的筆寫下一個個絕境重生的故事，
情不自禁流露出悲天憫人的情感，
讀著讀著，直接撞擊內心久久不去。

最大的苦難，最美的重生

希望回來了

☑ **延伸閱讀：**

1. 《麥凱銷售聖經：輕鬆教你賣動全世界，活出贏家人生》，哈維．麥凱著，時報出版
2. 《銷售聖經》，霍金斯著，現代出版社

善用負面思考的正面效果

許多人都很好奇，我到底是怎麼找到韓國教授漢語這個工作的。其實，這第一次申請韓國工作就成功的際遇，背後有幾個重要的小故事可以和大家分享。

大家有所不知，我當時會去找韓國的工作，實在也是被情勢所逼。我二〇〇五年回到台灣，開始寫作出版，同時也在實踐大學的應用外語系擔任兼任助理教授。所謂的兼任助理教授，名字雖然好聽，但實際上時薪只有六百三十元，以我當時一個星期任教四小時計算，一個月的收入是一萬零八十元，根本養不活自己。所以我剛回台灣時，收入比現在22K的年輕人還少！幸好我很快地藉由出版書籍、演講和零星的主持活動增加收入。當二〇〇六年暑假結束，我去韓國正式開始工作前，月均收入居然衝到了六萬元左右。但大家必須知道，這些收入都不是所謂的「固定收入」，要是我的書沒人買，沒人邀請我去演講或主持，收入就是零，最保守、穩定的收入，還是學校教書的所得，儘管只是一萬零八十元那樣的杯水車薪。

兼任助理教授雖然收入微薄，但若是能當上專任助理教授，收入可是有天壤之別。專任助理教授一個星期授課約八小時，等於只比我多一倍的時間，但月收入卻是將近七萬，整整有六七倍之多，也無怪乎所有的兼任教授都希望轉專任。只可惜根本就沒有什麼缺額釋出，擠破頭也等不到一個機會。我在結束實踐大學一年的任教後想轉專任，學校也告訴我一樣的答案。我心想，那不如就試試其他學校的缺額吧！但無奈，別的學校大多連面試的機會都不給我，唯一給我面試機會的銘傳大學，評審老師們看似都很喜歡我，最後又以「我太會行銷自己，恐影響學生」爲由拒絕我，只想讓我當兼任助理教授。我心想，在實踐大學當兼任教授，好歹有平面校園可以走，但去台北銘傳大學當兼任，還得爬那該死的好漢坡，薪水卻依然是一萬零八十元，扣完稅剩九千七百元，這有什麼意義呢？於是我轉念一想，台灣沒有機會，那不如試試別的國家吧！

亞洲臨近國家中，又以韓國最吸引我。除了是因爲我已經去過很多次日本，日語也還算流利以外，那時的韓流文化方興未艾，我心想這個國家的流行文化，未來勢必大有可爲，及早去那裡「假裝教中文，實際學韓文」，剛好可以將自己的韓語能力一次提升起來，未來在毛遂自薦擔任主持人時，又多了一項武器，能宣傳自己爲亞洲唯一一位能同時講流利中英日韓四國語言的主持人，豈不是更加容易成功？

於是，我用google大神開始搜尋，輸入Chinese professor wanted, Korea。映入眼簾的，是好幾個徵人的消息，但只有一所弘益大學是當年度（二〇〇六年）徵人，其他的學校都是「曾經」招過漢語老師，但有的是二〇〇四年，有的是二〇〇二年，甚至連一九九九年的都有。

大部分的人看到這種情形，大概都會乖乖地只申請弘益大學的那個職缺而已，我卻特別「異想天開」，逆向思考。除了弘益大學的職缺我一定會申請以外，我想其他學校既然曾經招聘過老師，那麼今年也有需要老師的可能。因爲幾乎每個招聘的消息都明白規定，一個外國老師最多在該校任教兩年，有的甚至只給一年任期，結束後頂多延長一年，之後必須另謀高就。因此，其他那幾所學校當年招進來的老師也該走人了，那麼是不是代表就會有職缺空出來讓我申請？而且說不定人家的確有招聘公告，但google搜不到、沒顯示出來啊！於是我按照舊有招聘訊息上公開的電話，一個一個打過去，目的就是多給自己一些機會，增加得到韓國工作的機率。

但果然，除了弘益大學以外，其他幾所學校那一年都沒有徵聘教師的需求，最慘的是我那時根本不會說韓語，有些韓國學校負責招聘的老師也不會說英語，我們雞同鴨講，甚至有人大概以爲我是詐騙集團，「嗆聲」叫我「Don't Call Anymore!」眞是有夠淒慘。但仔細想想，這其實一點也不慘，不過是多花幾塊錢的國際電話費，多聽了幾句不順耳的拒絕，卻有可能爲自己帶來更好的工作機會，幹嘛不做？要知道，早在那個時候，韓國教授的待遇就比台灣多了快一倍，爲了好工作，有什麼委屈不能吞的呢？

賦予負面思考正面意義，轉化為積極行動

既然只有弘益大學這個機會，我就破釜沉舟，好好把握吧！但，我嘴巴上說

的好像很積極正面，其實和大家一樣，負面思考總是如影隨形。雖然此前沒有住過韓國，可也早就耳聞韓國是一個比我們還要保守的社會，其門閥和學閥的觀念根深柢固，網路上貼出來的招聘公告說不定根本就是假的，學校早就有既定的人選，貼出公告只是爲了符合官方規定，貼好看的；也許他們只要自己學校畢業的博士，或是任教老師的學弟妹，我沒有人脈，根本一點機會也沒有；韓國早就和台灣斷交，他們想要學習的漢語或所謂的普通話，該不會只是簡體字、北京腔，台灣來的老師，搞不好在他們看來一點價值也沒有；又可能韓國學校比較屬意「已經有居留身分」和「會說韓語」的人，要嘛是嫁給韓國人的中國人及台灣人，要嘛是在韓國求學畢業後留下來、有幾年工作經驗的學者，甚至是當地的中國華僑，省得還要「幫新老師辦身分」……號稱「激勵達人」的我，要列出負面的想法，可是更專業也更到位的啊！

但大家不妨這樣想：負面思考，其實也是可以賦予正面意義的。對於大部分的人來說，遇到困難或不順遂的事情時先產生負面思考，預想之後會發生的糟糕後果，是非常正常的一件事。但我們不應該被負面思考給「綁架」而「多一事不如少一事」，進而乾脆什麼都不做，而是**有效利用負面思考的力量，把最壞可能發生的**

情形都想過一遍，然後思考如何解決，以及「怎樣能讓事情往好的方向走」。

例如，我去韓國面試爭取工作的事，用負面思考的角度來看，頂多就是不被錄取，旅費「肉包子打狗，有去無回」嘛！最差也不過就是這樣，但如果這就是最壞的結果，我能做哪些事情，讓這個不好的結果產生正面的效益呢？

我是這麼做的。當時我告訴母親：「老媽，你的生日也快到了，不如這樣，我帶你去韓國玩，你第一天跟著我去面試，結束後我帶著你在韓國做四天三夜的旅行。」這麼一來，即使韓國面試行宣告失敗，那麼至少它還是一趟我聊表孝心、並且放鬆自己的文化之旅啊！

而如果再積極一點想，我除了面試韓國教書的工作以外，也可以趁著那次的旅程，發掘幾個在韓國暢銷的流行物品甚至是當地品牌，與業主接觸後洽談代理或在台販售的可能性，甚至是做深度旅遊，多拍一些照片並記錄特殊行程，回台後出版一本關於韓國首爾的深度旅遊……這些方法，都是先負面思考，再轉化負面思考成爲積極行動的範例。

因此，當你在尋找海外工作時，如果也有負面思考，沒關係，大方地擁抱它們，但不要因而被綁住，而是利用它們，成爲自己趨吉避凶、最後擁抱成功的工具。即使你試著申請好幾個海外工作都連續失敗，你不也成了「申請海外工作達人」，有一拖拉庫的經驗，能夠成爲你網路寫作甚至是出書的素材？行動，永遠能產生正面的能量；空想，往往最後容易一事無成！

達人錦囊：負面思考很正常，但我們總能從負面思考中找到趨吉避凶的方向，甚至是迅速成功的方法。如果有些事情你明明看到機會，負面思考卻拉住你裹足不前，不如告訴自己：我還年輕，一次的成功沒有意義，一次的失敗也沒什麼了不起，做就是了。因為把時間拉長來看，都是一種收穫，而不是損失。

☑ 延伸閱讀：

1.《負面思考的力量》，最上悠著，商周出版

2.《祕密沒説完的事：如何擁有好情緒》，佩姬・馬克爾著，方智

第一次面試韓國工作就成功

我在韓國弘益大學面試的經過精采萬分，其中使用的面試技巧，相當值得大家借鏡。

當時一到了弘益大學的面試會場，立刻發現果然如我所預料，校方因爲覺得申請這個工作的老師只有二十多位，於是「開放所有報名的老師都來面試」，而那一年只錄取一個名額，也就是說，成功錄取的機率只有二十分之一，像我這種大老遠從台灣跑來面試的，若是失敗，還眞的是「虧大了」。

大部分的人遇到和其他競爭者共處一室的情形，可能因爲緊張或懷有敵意，幾乎不會和旁人交談，我卻充分發揮了「搭訕」的功力，和每位候選人都愉快地攀談起來。這麼做，一方面能夠消除自身的緊張，還能夠「刺探敵情」，甚至多挖掘到一些有用的訊息。那時所有人都在八樓等待，面試地點在九樓，我的號碼是三號，當一號結束面談後，二號進入九樓會議室，我則被帶上樓，在九樓的大廳等候。

也就是在這個時候，我與剛結束面談的一號照了面，由於剛才有簡單攀談過，我便隨口問她，裡頭的情形怎麼樣？她告訴我，裡面坐著三位老師，一進去就被要求坐下來，開始應答。我因此大致掌握了會議室裡頭的情況，也思索著怎樣的出場方式能讓自己與眾不同。

等著等著，二號候選人也出來了，他是來自中國大陸的老師，操著一口京片子，向我抱怨：「唉，這學校眞是太奇怪了，明明叫我們把推薦信、出版著作都帶著，但他們根本不看啊，劈里啪啦地問了一堆問題。可我這推薦信，是找北大校長寫的呢！眞是浪費我的時間和人脈。」

聽他抱怨完，我又得到了一條有用的訊息：原來，如果不把準備好的推薦信和出版作品主動拿出來，三位評委是根本不看的。於是我趕忙低頭，把手中的資料做個整理，分成三等分。

當我一走進會議室時，不同於其他面試者猶如待宰羔羊一樣，只能被要求坐下，乖乖地回答問題。我先向三位老師問好，然後主動走向他們，遞給一人一份剛才整理好的個人資料，其中包含了履歷、推薦信以及一本著作。

各位知道我為什麼這麼做嗎？這其實是心理學中的「限定」作法。當我把自己的履歷放在評委面前時，他們就比較容易照著我提供的訊息來問問題，而不至於天馬行空地隨他們想到什麼問什麼。尤其當我附上自己的著作時，他們一看，天啊！眼前的這位老師，年紀輕輕就已經出版了三本著作，那表示他的中文寫作能力一定不錯，若能夠錄取他，日後他除了教授基礎漢語外，一定還能教授中文寫作，我們學校豈不是賺到了？

果然，三位老師在我的「限定」下，的確沒有問一些出乎我意料的問題。但我總覺得，在專業能力上，只要有幾年教授中文經驗的老師，實力應該都相去不遠，在語言學和授課方法上，想必都有其專業和獨到的地方，我不覺得自己能在這一點上脫穎而出，所以一定要有特別之處，才能吸引評委們的目光，而這與眾不同又擄獲人心的制勝關鍵，在我前往韓國面試前就已經想到、也準備好了。

掌握制勝關鍵，贏得面試官青睞

早在我出發前往韓國的兩個星期前，我就約了以前在台北捷運搭訕認識的兩位從韓國淑明女子大學來台灣文化大學當交換學生的多玲、智媛，請她們教我一句關鍵韓語。那句話，我想應該能成爲之後在韓國面試時的制勝關鍵。學完後，我甚至開始沙盤推演，想像著該如何在面試中，順勢把那句話自然地說出來。

機會來了！三位評委中的金老師在面談快結束時問：「鄭老師，您也知道，我們學校這個工作，一個星期只要工作三天，一天四小時，也就是說您會有很多自己的時間。請問在閒暇之餘，您想嘗試怎樣的活動？韓國文化中，有沒有哪個部分是您最感興趣的？」

我一聽她這麼問，剛好「正中下懷」，便把自己僅僅會的那一句韓語，用標準的腔調說出來（那時我的韓語能力幾乎是零，只有那句還行）：「저는 한국정신과 문화를 배우로 왔습니다。」（我，正是爲了學習你們大韓民族的精神與文化而來的！）

我一說完，馬上用中文補述：「我讀過歷史，知道韓國與台灣一樣，經歷過日本五十年的殖民統治，但日本爲了把韓國文化的根加以拔除，施行殘酷的高壓統治，並剝削這塊土地上的所有資源。二次世界大戰時，朝鮮半島成爲戰區、飽受摧殘，沒想到戰爭結束後，緊接著又發生了韓戰。我很好奇，這樣一個曾經飽受戰火與貧窮蹂躪的國家和民族，五十多年後的今天，竟然能發展出現代汽車、三星電子、浦項鋼鐵、海力士半導體這樣世界一等一的大企業，我來韓國就是想了解，到底是怎樣的民族、精神與文化，能夠化這樣的腐朽爲神奇，創造如此不可能的奇蹟！」

話還沒說完，我彷彿看到三位評委的眼中浮現感動的淚光。想當然爾，我們在愉快的氛圍下結束了面談，而我也在一個星期後收到弘益大學的來信，歡迎我加入他們的教學陣容。韓國七年教課的經驗，不僅讓我掌握了韓語的能力，累積了足以在台韓兩地買下三個不動產的財富，更締結了韓國演藝圈與商圈的人脈，眞的是收穫滿滿。

我能夠順利在激烈的韓國工作面試中脫穎而出，其實是把握了關鍵的一點，那就是「投其所好」。大家都知道韓國人民族自尊心強又好面子，我與其他老師一樣都具備教授中文的專業實力，這時如果能多拍一些「適當的馬屁」，豈不是更如虎添翼？不喜歡韓國的人，或許覺得那些話純粹是馬屁，但仔細想想，韓國經濟曾經落後台灣十五年，但如今他們的汽車工業、獨霸全球的手機業、以及液晶電視技術，都非台灣能夠望其項背，這也是無可奈何的事實。我不過是強調了一些事實，並且在適當的場合，用適當的方式說出來，自然能打動人心，爲自己面試的成績加分。如果你好好運用這招，一定也能在了解該國文化及公司的背景下，使面試主管爲你留下一個好印象，提高錄取的機會。

評估自己的優劣勢，一舉脫穎而出

除此之外，想要尋求海外工作機會的各位，請務必把「課本學到的知識」，做實務方面的結合與操作。例如，只要是具備一些商業知識的人，應該都知道SWOT分析是什麼？簡單來說，SWOT分別代表：

S：優勢（Strengths）

W：劣勢（Weaknesses）

O：機會（Opportunities）

T：威脅（Threats）

SWOT雖然是用來分析企業競爭態勢的一種評量工具，但只要轉念一想，就能發現在人力資源市場中，你自己不就是一個商品嗎？要能夠順利「賣出去」（被雇傭），不正可以用SWOT分析來評估自己的優勢、劣勢、機會和威脅，並融合在自己的面試中，成爲說服面試主管欣賞你、錄用你的最佳指標嗎？

例如，我的同學Eric當年在英國取得碩士學位後，第一次工作面試表現得一塌糊塗。還好當時沒有僱用他的那家公司的老闆把他找去，告訴他SWOT分析法在自我履歷和面試方面的應用，於是他在下一個工作面試時，立刻清楚明確地告訴新公司，他的優勢在於曾經有過類似的工作經驗、且供貨商大多來自中國，他有中文這個極佳的工具，能爲公司爭取最大利益；劣勢是他的母語是中文而不是英文，但他敢講、敢說也願意學習，所以應該能在短時間內提升英語能力；機會在於他從MBA課程習得了第一手的商業知識，發現新公司的產品，其實有幾個可以突破或嘗試的機會點；威脅則是其他競爭者或許會採取削價競爭的方式，威脅新公司的產品，而他也想好了幾個對策，供新公司參考……

就是這麼清楚明確地對自我實力和對公司貢獻上的分析，讓 Eric 表現了自身的長處，避開了自身的短處，於是打敗其他優秀的競爭者，獲得萬中選一的英國工作機會，後來甚至自行創業，現在取得英國的永住權，在異鄉繼續奮鬥著。我永遠記得他最近回台時對我說的一句話：「我留在英國工作，是因爲不相信台灣人的智慧和拚勁會贏不過英國人！」

各位，你一定要相信自己的競爭力，絕不至於輸給外國人！透過平日的實力累積，以及面試時的高超技巧，你一定也能脫穎而出，拿下夢寐以求的工作！

達人錦囊：過去在學校課本中學到的知識，如果不能善加運用，就是一種浪費。所有面試技巧、行銷管理策略、銷售技巧，其實在你讀過的書本中都有介紹，重點是你必須將其融入生活與職場，切實操作。當你把一本書中的觀念融會貫通、身體力行，那麼投資下去的三百元新台幣，將能產生三十萬、三百萬以上的效益。

☑ **延伸閱讀：**

1.《不必多花錢，也有超強競爭力！》，傑克·柯弗特、陶德·薩特斯坦著，商周出版

2.《致勝態度101》，約翰·麥斯維爾著，智庫

正妹不一定要追，廣結人脈更好用

我剛開始出版的幾部作品，都圍繞著一個非常吸引人的主題——搭訕。但我所定義的搭訕，不只是認識異性，而是一種主動積極的精神，也就是「在愛情與事業上的毛遂自薦」。透過主動搭訕認識朋友，一個人將同時在絕對的自信、極佳的溝通技巧，以及面對挫折的能力這三方面，獲得大量的訓練，以及長足的進步，也就是進行全方位的自我提升，而自我提升的結果，又將導致自己在異性與工作魅力上的提高，爲自己帶來許多意想不到的機會。我自己就是主動搭訕的受益人，因此非常積極推廣這個觀念，希望每個人都能用毛遂自薦的精神，爲自己開創愛情與事業上的雙贏。

二〇〇九年，我受邀到大陸北京參加某單位舉辦的「中國型男魅力高峰會」，擔任演說嘉賓，與主辦人冷愛成了好朋友，他除了熱情地招待我吃飯，後來還請我去他家坐坐。

當我和他從他家的公寓大樓坐電梯準備離開時，有位容貌姣好的女孩抱著一條狗走進了電梯。冷愛偷偷用手戳了我一下，小聲地說她應該是韓國人，我當下毫不猶豫，立刻開口對女孩說：「한국사람이세요？」（你是韓國人嗎？）對方有點驚訝，也開始用韓語跟我對話。因爲聊得很開心，她剛好也沒事，就陪我們到地下室取車。聊天的過程中，我得知她的名字叫LuLu，來中國五年了，漢語水平不錯，她很訝異我的韓語怎麼說得那麼好，一開始她完全無法想像我居然不是韓國人。我們開心地互留電話，也相約在我離開之前，一起喝杯咖啡再多聊聊。

我後天就要離開北京回韓國，於是隔天撥了通電話給她，相約後天中午吃飯。但在電話中，她態度扭捏，似乎在隱藏著什麼，讓我覺得有些奇怪。後來見面吃飯，深聊後才知道，原來她正和洋人男友吵得不可開交，對方不僅劈腿，還直接叫她滾蛋。可是她在北京無依無靠，雖然兩個星期後就要搭機回韓，但身上所剩的盤纏不多，現下無處可去，眞不知道該怎麼辦？

我因爲傍晚就要搭飛機，等會兒要和冷愛會面，由他載我去機場。當下靈機一動告訴 Lulu，不如待會兒和我一起去跟冷愛見面，我把冷愛介紹給她，說不定冷愛和其他幾個人合租的公寓房，能空出客廳的沙發留宿 Lulu。結果熱情的冷愛果然願意收容 Lulu，她就在冷愛家打地鋪，睡了兩個多星期。也因爲我當時如此幫助 Lulu，她一直感念在心，成了我的好朋友，後來也認識了我的家人，成了我的 family friend（家族友人）。

之後我們在韓國繼續保持著偶爾碰面的情誼。有一次，Lulu 說她想介紹一個朋友給我認識，一見面才知道，那位朋友 Jimmy 哥，其實是韓國知名導演郭景澤的公司總經理暨監製。對韓國電影有些了解的讀者或許知道，多年前有一部由郭導演拍攝的電影《朋友》（張東健主演），當時創下了全韓國八百萬人次觀覽的紀錄，最近他又拍攝了《朋友 2》（金宇彬主演），同樣寫下不得了的佳績。Jimmy 身爲郭導演的經理人，除了韓國市場外，也一直希望能走全球化路線，將郭導演及其作品推向中國大陸市場，透過 Lulu 認識我之後，彼此便很積極地洽談合作關係。

於是我現在的另一個身分，是郭景澤導演在大中華區的推廣經理，爲他做宣傳，並尋求大陸、香港及台灣合作拍片的機會，目標是由郭導演執導，找韓國男主角、大陸女主角，中韓合作拍攝一部能在兩地都賣座的大片。我也因此在隔年去四川宣傳新書時，找了四川最大影業集團的經理洽談未來合作的方向，同時也在台灣連絡了山水電影公司和電視製作鬼才王偉忠先生。

我分享這個故事和經歷，是希望鼓勵大家：出門在外，一定要廣結善緣，對陌生人好一點，因爲你永遠不知道對方會帶給你怎樣的美好回饋。特別是針對男生，我要說：大部分男人遇到像 Lulu 這樣甜美可愛的女孩，心裡一定想著「我要追她」「我要追她」，但往往追不上後就鬧自閉、搞失蹤，彼此連朋友都當不成。不過，很多人都忽略了一點：女人，特別是美女，其實手上掌握非常多資源，若能和對方成爲眞正的好朋友，就能將彼此的人脈資源做最有效的交換、串聯和運用。我與 Lulu 就是這樣，透過她，我認識了剛才提到的郭導演以及一位知名女演員，認識了香港來的房祖名，還有一位曾經與李小龍拍片的好萊塢知名演員，以及韓國的現役外交官。這些人，都不是我一個外國人在首爾的路上隨便逛街能遇到的，而認識之後所能夠激發的商機，卻又是無限大。

在認識一位擁有資源、或者可能發展合作關係的朋友時，深化彼此的交情，又是一門深厚的學問。以我和郭導演公司的總經理Jimmy的相處爲例，當我一認識他，知道他有意推廣郭導演的電影到大陸之後，立刻「投其所好」，提供我所擁有的資源，也就是被利用的價值，包括中、韓、英語的優勢、作家身分，以及曾經接觸過的媒體人脈，於是當然立刻挑起Jimmy更高度的興趣。幾次茶敍和晚餐下來，他又交付我幫忙翻譯《愛情》這部電影的工作（收費的哦）。由於我的效率高、素質好，更加強了彼此的信任關係。正是因爲如此，Jimmy才放心讓我擔任郭導演的推廣經理，並且在未來電影拍攝成行時，擔任中國大陸地區的總策畫。

出門在外，就用積極熱情的心去多多結交當地的朋友吧！而且我想強調，千萬不要害怕自己「被利用」。年輕人就是要有被利用的價值，否則年長者、擁有資源的投資者，怎麼敢把重要的任務交給你去做？朋友之間，能一起吃喝玩樂，聊天打屁固然很開心，但若能在吃喝玩樂的同時，又一起交換資源、激發創意、擁抱商機，豈不是更讚嗎？我做到了，你一定也行！

達人錦囊：人脈，永遠都是要用心經營的，而面對比我們擁有更多資源的人，提供對方「自身的利用價值」，是能讓彼此情誼更進一步的不二法門。利益與友誼，從來就不是互相牴觸的兩個概念，若能善加運用，必能創造雙贏。

☑ **延伸閱讀：**

1.《NQ人脈投資法則》，麥可．度沃斯著，美商麥格羅．希爾

2.《這樣溝通，人人都挺你：從搏感情開始的人際交心術》，約翰．麥斯威爾著，先覺出版

不止買韓國股票，還買韓國房地產

台灣人在韓國擁有房產的人屈指可數，而我就是其中的一個，而且還擁有兩間房。能夠擁有韓國的房產，得從我的美國留學經驗和台灣的第一棟房子說起。

當年我在美國求學五年，眼睜睜看著房價節節高升，租金當然也跟著水漲船高，非常後悔爲什麼沒有在一決定美國學校的當下，就向父母借錢置產。不過，我父母也沒什麼錢，所以借錢置產不過是嘴上說說。但我當時就想，如果我買下一棟擁有四個房間的平房，自己住一間，其他三間租出去，扣掉貸款成本，每個月的確可以多出一些生活費，這不是一件很划算的事嗎？若是幾年之後漲價賣掉，等於在美國的五年不但不必付房租，還倒賺幾百萬，這麼划算的事，大概也只有投資房地產才能做到。

於是當我在韓國工作兩年、存了一些錢後，便有了在台灣置產的念頭。當時因爲我在韓國極度節省，一個月大概可以實存七、八萬，兩年下來存了快兩百萬，剛好夠負擔一戶台北平價房子的頭期款。在二〇〇八年金融海嘯最讓人擔憂的農曆年前，看準關渡竹圍一帶由知名建商蓋好的新成屋，以總價六百三十萬左右入手了一間建坪二十八坪、實坪十八坪的兩房住宅。當時只覺得是危機入市，低價入手，沒想到才隔一個月，賣我房子的銷售小姐就問我，要不要以多五十萬的價格轉手，淨賺那五十萬？我當時毫不考慮她的提案，也還好我根本沒考慮，因爲五年後的今天，房價整整漲了快一倍。

有了這個「値錢」的房子，之後入手韓國的房子就方便多了。二〇一一年我與妻子 Ivy 結婚後，一起搬到韓國居住，心想一定要給她一個舒適的環境，加上我認爲韓國的房子總價夠低，有投資的價值，於是抵押台灣的房子，借款四百萬元，買下韓國盆塘區一間三房一廳兩衛、距離地鐵站只要走路一分鐘的房子（此房總價約台幣五百六十萬，加上取得稅和簡單的家具裝潢費，大約六百萬）。

利用韓國特有租賃制度獲利

這次購買韓國房產，背後又是一連串的精密計算。很多人不知道，台灣的利率很低，所以貸款利率是韓國的約三分之一。於是我不跟韓國銀行貸款而跟台灣銀行貸款，等於享受著極其優惠的貸款利率，可以拿著我在韓國的高薪，綽綽有餘地支付台灣的房貸。

而且我只支付了一年的利息和本金，在第二年便將房貸全數還清。我到底是何德何能做到這一點？難道是突然獲得鉅款嗎？當然不是，而是韓國房地產特有的制度幫了我大忙。在韓國，一般租房有兩種制度，也就是「月稅」和「全稅」。前者和我們的每月付租金的概念差不多，但後者則是韓國特有的一種制度，由租屋者向房東繳納住屋七十%左右的金額，接下來兩年以內，除了水電費和管理費外，都不必再支付房東任何費用。也就是說，房東可以自由運用這筆錢，看是要放在銀行生利息（當時韓國的存款利息一年期有四%），或者進行其他投資。等到兩年期滿，租屋者若不再居住，房東則要將全稅的金額全數還給租屋者。

後來因爲我太太懷孕、回台待產，我一個人不需要住這麼大的房子，於是自行租一個小屋子，把韓國的三房住宅租出去，拿到的一億五千萬韓幣（約四百二十幾萬台幣）先放在韓國銀行賺取利息，等在一年定存到期後，除了有利息所得外，再把這全稅金一億五千萬韓幣，匯回台灣繳清貸款。而再隔了一年，如果原本房客不續租，我不是得還他錢嗎？倒也不必，因爲房子的地點很好，根本不需要擔心找不到下一個房客，等順利找到下一個房客時，前房客離開的當天，新房客的一億五千萬先給我，我再轉給要離開的舊房客。大家看出其中的端倪了嗎？這樣一來，我等於平白無故多了一億五千萬韓幣可以自由運用，不是嗎？

而且，由於韓國的租金不斷提高，大部分房東都不想用全稅的方式把房子租出去，而希望用月稅方式出租，造成供不應求，房客只能任房東宰割。我的情形是，兩年租約到期，我要求原來的房客，除了原本的一億五千萬韓幣繼續放在我這裡以外，每個月還要再給我二十萬韓幣（約五千六百元台幣）的月稅金，等於又爲自己多創造了一筆現金流（這可不是奸商行爲，實在是現在的行情就是如此，房租節節上漲）。

我另外一筆在韓國的房產，也是用類似方式來投資。這間房子的地點更好，是在江北的弘益大學入口站附近，走路到首爾最精華的2號線地鐵只要五分鐘，那裡有高速地鐵直達仁川機場和金浦機場，三房一廳一衛，實坪數約二十坪，包含停車位，總價八百多萬台幣。當時我一看到這個物件，把它和台北的房價一比，發現實在太便宜了，立刻入手，而且一買下來就立刻用兩億韓幣的全稅租出去，等於只出了八千五百萬韓幣（約兩百三十八萬台幣），就擁有價值八百多萬、首爾精華地段的房產。兩年後我可以像第一個房子一樣保留全稅兩億韓幣，要求租屋者每個月再給我二十五萬韓幣，或者提高全稅額到兩億三千萬，多拿三千萬韓幣在手上。我完全不必擔心沒有人續租，因爲那裡的地段太好，一有租賃物件釋出，馬上有人接手。

能夠這麼做，其實不是我厲害，實在是因爲我把握了房地產的兩大原則，一個是慎選地點，一個是買在低點，再加上韓國房地產的特性，我等於進可攻退可守，穩賺不賠。若你未來成爲國際工作人，到了任何一個國家，最好都能張大眼睛，看看當地是否有什麼可以投資的標的，利用兩國利率的高低、匯率的差異，進行套利，或者用正當的借貸爲自己贏取正向的現金流。這些作法不但能讓你賺到錢，更能迅速了解當地國的文化、語言與生活。

我打算運用這個經驗及優勢，介紹台灣的資金進入韓國進行房地產投資。目前台灣已有不少有錢人把房產投資的觸角伸向日本及馬來西亞。韓國的房地產其實和日本很類似，一樣是物美價廉，而且租金頗高，隨便一個物件都能獲得年化報酬五%的獲利率，只是台灣人對這個市場不熟悉罷了。當台灣人抱著有點仇韓的情緒，批評三星電子大賺台灣人金錢之際，我們直接用較爲強勢的台幣，進入韓國市場獵標的，再來賺韓國商辦及住宅的租金，以及日後轉手時的增值。這麼做，不是比單純的「討厭韓國人，卻又束手無策」要好得多嗎？我還是那句話，越是討厭你的敵人，就越要了解他。這個關於投資與生活的心態，供大家參考。

達人錦囊：只要張大眼睛，處處都有好商機。辛勤工作後的積蓄，一定要透過投資讓它倍增，股票和房地產是最好的工具，謹守「平常日專注本業，國難時大撈一筆」的原則，危機入市，逢低買進，你的資金就能立於不敗之地。

☑ **延伸閱讀：**

1. 《我在房市賺一億》，月風著，布克文化
2. 《買房子，顏炳立教你這樣算》，顏炳立著，Smart智富

勇於追夢，
世界就會不同

矮子宅男也能進模特兒經紀公司

我在演講授課中，有時會應聽眾要求講「搭訕」這個主題。講到搭訕，除了可以用來認識異性以外，更是事業上主動毛遂自薦、贏得機會的方法。但這種陌生開發的方式很容易被拒絕，於是我常鼓勵聽眾，不管是認識異性還是開發客戶，要是主動締結關係被拒絕，沒關係，再找下一個人就好，因爲你只要不斷開發，一定會遇到欣賞、接受你的人。

某次我應邀去扶輪社的仁愛分社演講，卻在演講結束後被「吐槽」。該分社的前社長在我結束演講後，代表全體社員感謝我並致辭時，說我「一開口，就擄獲人心的說話術」的演講內容十分精采，但其中提到「若搭訕新客戶不成功就換人」這一點，他無法認同。他舉了兩個例子。

第一個是他成功追求到自己太太的例子。他自陳因爲長得醜，當年他太太一開始根本不想理他，但是「好女怕郎纏」，他鍥而不捨地失敗再邀約、失敗再邀約，誠意終於感動了對方，給他一次約會的機會，之後有一就有二，女方慢慢發現他的好，最後變成了他的太太。

第二個例子，則是他在成功抱得美人歸後，意氣風發，認爲在事業上只要秉持這種不要臉加鍥而不捨的精神，客戶也應該會成爲他的「囊中物」。於是從事船務代理業務的他，隻身跑到英國，求見全球最大客戶，但大客戶一開始根本不知道他是誰，連見面的機會都不給。他不死心，在英國一待就是三個月，天天打電話，請客戶只要給他五分鐘會面即可。那位大客戶一看他這麼有誠意，實在拗不過這種熱忱，於是答應給他五分鐘的會面時間。

他一見到大客戶，不是見獵心喜地要對方給他生意做，而是頗有自知之明，以退爲進地說：「我知道您現下是不可能跟我做生意的，但沒關係，請您未來不要不給我拜訪您的機會，您只要答應我，以後我來英國出差時，都能像現在這樣來與您寒暄幾句即可。」面對這樣「卑微」的要求，大客戶哪有說不好的理由？之後的三年，他每年都去英國拜訪那位大客戶三次，每次都送一份精心準備的小禮物，就這樣磨了三年，磨到大客戶都不好意思了，只好把自己同樣從事船務工作的好朋友介紹給他。於是那位大客戶的朋友先成爲他的客戶，之後再隔了七年，這位一共磨了十年的客戶，終於正式成爲他的客戶，彼此到現在一共維持了二十幾年的好關係。

我聽到前社長分享這兩個故事，不但沒有因爲覺得被「反對」而生氣，反而露出微笑、點頭大表認同，因爲回顧我自己這一路走來，就是如同前社長一樣，充滿著「打不死的蟑螂」精神，才開創了許多業務，包括能和伊林娛樂公司簽約，成爲他們唯一主打的作家、演講家和主持人。

積極毛遂自薦，獲知名娛樂經紀公司賞識

說到我與伊林簽約，還得再提到另外一個人，他就是台灣演藝圈的王牌製作人偉忠哥。我自從在二〇〇八年在誠品敦南店搭訕認識他、毛遂自薦後，一直到今天，我都會不時地「騷擾」他。在剛認識他時，我就表明自己想要當一線主

持人，希望能像康永哥一樣，主持叫好又叫座的節目。而且我能寫能講，可以替當時的「星光幫」出版勵志書，帶著他們巡迴全國做講座，持續好不容易培養出來的人氣，但偉忠哥以「目前沒有培養新主持人的計畫」這個理由委婉地拒絕了我。只不過我沒有死心，之後每次出版新書，都會寄給他一本，附上近況和一些對自我的規畫。他回應也好，不回應也罷，反正我就這樣三不五時地讓他知道我的存在，以及一直有在「成長進步」。

既然我會接觸偉忠哥，那麼其他知名製作人和經紀人，我當然也一個都沒放過。舉凡知名的侯文燕、薛聖棻、劉德蕙、張小燕、于美人……我全都如法炮製，把自己的作品和演藝規畫不斷地寄給他們。雖然有的石沉大海，有的則是派一個公司的「小咖」與我接觸後，覺得「此人不夠綜藝」而拒絕我，但都沒有阻止我持續自我行銷的決心與行動。因爲我知道，很多人現在不接受我，是因爲「我還沒眞正做出什麼大成績來」，或「我的能力，不是他所看重、知道如何在演藝圈操作的能力」，但隨著我自己多元化的發展，說不定有一天書籍大賣了、知名度提升了，就能贏得那些金牌製作人的注意，給我開節目的機會。

在「任何機會都不放過」的最高指導原則下，有次我和朋友去台北國際書展逛逛，他在進場前給我看一個有趣的東西，是「伊林娛樂」讓旗下模特兒把自己的照片放上撲克牌而製作的周邊產品。只要一次買三副撲克牌，消費者就可以指定其中一位模特兒，由她錄製一段感謝影片寄給消費者當贈品。

我一看到這副撲克牌，就知道這家公司的宣傳行銷非常積極，等於是無所不用其極地想把旗下的模特兒用各種方式「賣出去」。這種積極的精神，與我毛遂自薦的理念不是不謀而合嗎？於是隔天就主動打電話給伊林，告訴他們我想在網路上開節目、在雜誌上寫專欄，並且找伊林的模特兒們當我的合作來賓，附上詳盡的企畫書（見左頁），希望能贏得伊林主管的青睞。

提案人：鄭匡宇

節目名稱：

《壞男人爛招大破解》（暫定）

進行方式：

A案──每一集約10至15分鐘，前3到5分鐘，由伊林模特兒們飾演情境劇，把社會上最近發生的新聞、網路PTT討論最熱烈的男女議題（例如婆媳相處、遠距離戀愛、遭遇危險情人、性騷擾偷拍），用生動活潑的方式製作成短劇，之後再由鄭匡宇及伊林女孩們進行討論分析。

B案──每集約10至15分鐘，由一到兩位伊林女孩，介紹目前為止遇過的爛男人和他們的爛招，再由鄭匡宇提供分析破解和預防之道。貫穿全系列的重點是「女人愛自己，當自強」，並用聰明的方式獲得自己的幸福。

錄影地點：

棚內、外錄影拍攝，由合適店家免費贊助，或用伊林辦公室合適之場地。

節目單元：

暫定為十集，討論話題包含（可隨每位女孩的個人經驗增加或修改）

1、借錢　2、說謊　3、劈腿　4、打人　5、罵人

6、瞧不起女人　7、嫉妒和控制　8、媽寶沒擔當

9、生活習慣太差　10、到手就不珍惜

推廣方式：

與雅虎奇摩合作，固定放在影音首頁，再結合網路行銷、youtube、facebook，並以每月主打星的方式，與網友們互動，推升伊林女孩和鄭匡宇的名氣。

集結成書或成為固定廣播節目：

伊林與鄭匡宇這樣的合作方式，除了能將節目話題變為書籍內容外，還可以將這個節目概念作為廣播節目的固定單元，共同向news98及中廣提案，成為固定節目。

廣告贊助：

在節目中可置入性行銷彩妝、衣服、鞋子，以及食衣住行相關的任何產品，或者讓雅虎商店的店家，以付費的方式，置入性推銷自家的產品。

就是這樣的企畫書，讓他們的企畫宣傳主管與我連絡，相約面談。一談之後，主管發現我不只想開節目，連完整的節目宣傳和行銷概念都規畫好了，而且我累積了十八本的暢銷書，會講四國語言，完全就是呈現「準備好」的狀態，只差一個適當的舞台。於是他們轉告總經理陳婉若，由婉若姊和我面談過一次後，就正式與我簽約，成爲替我完成主持人大夢的有力推手。

說到這裡，大家大概還看不出爲什麼我一開始要提到偉忠哥。那是因爲，當年婉若姊短暫離開伊林時，曾與偉忠哥共同創辦「明星藝能學園」。而現在的伊林娛樂，背後有旺旺中時集團的加持，偉忠哥的許多節目，例如《康熙來了》，就是在旺旺中時媒體集團旗下的中天綜合台播映，等於我加入了伊林娛樂，便共享了偉忠哥節目裡的一些資源，伊林也會極力把我推向關係企業中的所有節目。

我的這個例子，與前面提到扶輪社仁愛分社前社長的故事不謀而合，我今天說服不了這位客戶接受我，就換個方式說服；今年說服不了，明年接著說服，好幾年都說服不了這位客戶，就用實績先說服周遭其他人，直到有一天他身邊的人都幫忙說我好話，那麼就是水到渠成、客戶接受我的時候。

在職場上也是一樣，只要是你的目標，就要用盡各種方式去達成。**別人可以忽視我們、拒絕我們，但我們絕對不能放棄自己**。只要你眞的用盡所有的努力和方法想達成目標，永不放棄，冥冥之中自然會有一股力量幫助你在最後達成夢想。當你達成目標的那一刻，一個値得回憶和分享的人生經驗就這樣產生，而它不僅能激勵你自己，也能激勵更多與你懷抱類似夢想的人！

達人錦囊：《祕密》這本書揭示的神祕力量很吸引人，但如果沒有「持續的行動」，宇宙力量絕對不會自然形成來幫助你達成夢想。如果真的要放棄，等試了一百次再放棄吧！而且相信我，不必試到一百次，你就已經獲得某種形式的成功了。

☑ **延伸閱讀：**

1.《心靈雞湯：永不放棄》，傑克·坎菲爾、馬克·韓森、海瑟·麥克拉瑪拉著，晨星

2.《人生不設限：我那好得不像話的生命體驗》，力克·胡哲著，方智

合縱連橫，「騙」出一個專欄

結合不同資源，合縱連橫，創造自己及客戶、公司的最大效益，是每位職場人都應該具備的能力。說到這種折衝協調，合縱連橫的能力，我倒有一個自身的故事可以分享。

當我二〇一三年辭掉韓國大學教書的工作，回到台灣時，突然失去了一個月十二萬的收入，心中的確滿恐慌的。儘管我能夠靠著版稅收入、企業學校演講，以及零星的主持工作維生，但其中畢竟沒有任何一項能帶來穩定的收入，我一定要儘早擴大知名度，站穩兩性和財富這兩個領域的地位，才能以專家的身分上更多節目、接更多case，甚至達成自己超級主持人的夢想。

兩性的部分，由於我過去的出版品本本銷量都不錯，算是站得比較穩的，較缺乏的就是職場和財富這一塊。但我到目前爲止，只有《你就是自己的激勵達人》《公關達人教你職場讀心術》和《一開口，就擄獲人心的說話術》幾本書較與職場話題相關，如何才能更迅速地打造自己在職場方面的專業地位呢？我左思右想，覺得能在《Career職場情報誌》《30雜誌》或《Cheers》等知名雜誌上開專欄，應該是最有效果的方式。

於是我拿起電話，直接撥打這三家雜誌的總機，請總機小姐幫我轉給主編或主編的助理，要到了email，將寫好的專欄提案，就這麼寄給了三家台灣最大的青年職涯雜誌。我特別將提案的內容公開如下，給未來想做類似事情的讀者做參考。

提案人：鄭匡宇

《如何坐上這位子》專欄企畫

緣起：

許多年輕人都羨慕各大小企業的中高階經理人，能夠爬上那個位子，享有豐厚的收入及絕佳的名聲，卻不知道進了職場後，該付出怎樣的努力、使用怎樣的方法，才能同樣發光發熱、更上層樓。

主旨：

本專欄的目的，在於透過詳盡的訪談，記錄各知名企業中高階經理人的成功祕辛，囊括食衣住行育樂六大領域，以及中階高階不同職位，讓年輕朋友有一個依循的方向與可行的方法，在自己的職場走出一片天。

特色：

1、問題辛辣，活潑生動，不落於俗套，絕不歌功頌德，甚至還會請各經理人，分享曾經使出過讓自己順利站上那個位子的「賤招」，讓讀者能大呼過癮，即學即用。

2、透過筆者的人脈，訪問新興行業、有趣職業的中高階經理人，揭開神祕的職業面紗。

3、結合廣播節目（正與台北之音和佳音廣播電台洽談合作中）和youtube等網路媒體，一舉擄獲年輕世代的心。

4、定期舉辦校園巡回演講及聚會，鞏固社群，創造雜誌更多的讀者。

5、未來集結成書，擴大影響力。

專欄開始日期：

可於談定後的任何時間開始。

專欄作家鄭匡宇簡介

學歷：

政治大學哲學學士、加州大學河濱分校舞蹈史暨舞蹈理論博士

著作：

《一開口，就擄獲人心的說話術》《搭訕聖經》《脫離好人幫》《你就是自己的激勵達人》《就是愛被罵：世上最強被罵應對心理學》《出位：硬要世界看重我》等18本暢銷書

經歷：

中華人民共和國人民大會堂活動主持人
長江商學院特聘一級講師
廣州商會美國團隨行翻譯
臺灣行政院青年輔導委員會首席講師
臺灣屏東教育大學大師班特邀講師
臺灣法務部《三振黑金，封殺賄選》活動主持人、宣導人
韓國弘益大學漢語教授
泰國國立發展學院語言與傳播研究所教授
全國演講比賽冠軍
世界原住民大會翻譯、隨行輔導員
中華民國公費留學獎學金得主
成功大學《大師論壇》講師，與蔡英文、曾志朗共同受邀

其實，像這樣的合作提案，你只要上google輸入關鍵字，就會立刻出現許多可以參照的範例，再照著大綱和格式，填入適當的文字即可。我認爲自己能夠被接受，除了這個主題很具特色和實用性外，還有一個重要的原因，因爲我特別強調了「如何坐上這位子」這個專欄，不僅是文字的呈現，還加入了其他最「夯」的媒體元素，例如在部落格上以專欄方式同步呈現、將訪談製作成短片放上youtube擴大受眾、在既有的粉絲團上做宣傳、未來在廣播電台開節目，讓它既是文字又是語音的內容……如此一來，對於一個雜誌而言，等於多了許多宣傳的管道，何樂而不爲呢？

「買空賣空」的商談技巧，讓我同時獲得各媒體青睞

但要眞的談成，還是需要一些「手段」，來促使這個專欄的問世。不知道大家有沒有發現，我在提案之中，直接提到了台北之音和佳音電台「正在洽談合作中」，看起來好像快談成，但事實上我根本只是「打了通電話過去」而已，而且最後還被拒絕（因爲今年度節目已經排定）。不過這樣一寫出來，看到這個案子的人興趣自然提高不少，因爲彷彿覺得又多了一個媒體的加持，能共同將其效益

做大。

而這個「買空賣空」的技巧再往上發展，就又是一個藝術了。我一看幾個大電台如中廣、news98、台北之音等都沒有讓我開設新節目的意願，剛好PChome找上了我，請我從即將關閉的無名小站搬家過去，開設自己的新聞台（部落格）。我心想機不可失，不如就趁這個機會，讓PChome這個強勢的網路銷售巨人做我堅強的後盾，來說服那三家雜誌社吧。

於是，我同時也把「如何坐上這位子」的專欄提案寄給了PChome，詢問如果在他們那裡同時開設這個職場專欄和兩性專欄，是否能給予最足夠的曝光和宣傳？同時在提案中，也寫到這個職場專欄「將在《Career 職場情報誌》《30雜誌》或《Cheers》上刊載」，這果然引起了PChome的高度興趣，特別找我去面議，派出兩位行銷大將和我討論密切合作、大力推廣的可能。

就在接到PChome的面談邀請後，我立刻寫信給那三家雜誌社，告訴他們，PChome已經表示將全力宣傳（其實只是找我去見面而已），又將這個專欄的重要性和可行性，以「想當然爾一定會成功」之姿，再補了一槍。結果Bingo！雖然《30雜誌》和《Cheers》因爲有既定的安排還是拒絕了我，但《Career 職場情報誌》的總編特助回覆我，願意開設我的專欄。就這樣，我的「如何坐上這位子」順利地在台灣的知名職場雜誌上刊登出來。有這樣一個強勢的平面媒體加持，我在找受訪者、尋求其他媒體合作上，更加如虎添翼，應該很快能將其變成廣播節目，把好的內容帶給更多更廣的聽眾。

再透漏一個小祕密。其實當時《Career職場情報誌》告訴我，「如何坐上這位子」這個專欄，只是「試刊載」三個月，三個月後，依照讀者的反應回饋，再決定是否繼續刊載。不過各位應該知道，一旦讓我開了專欄，又怎麼可能不繼續開下去呢？不是我自負一定會有很多青年讀者喜歡，而是「我自己會請暗樁打電話或寫信」，告訴雜誌社這個專欄有多好、多棒、對青年人多有幫助！

而當我採訪越來越多的職場高階經理人時，才發現類似的手法早已被前輩用得得心應手。目前韓國觀光公社駐台辦事處的劉鎮鎬社長，曾經在還是個觀光公社小職員的時候也用過這招。當年韓國戲劇、音樂和電影剛開始準備大舉對外輸出時，由他負責「韓流」在中國的推廣，計畫舉辦一場大型的韓星媒體見面會。可是那時韓國的明星知名度不夠，中國各大媒體對此活動的興趣不高，而且韓國明星的經紀人大多「獅子大開口」，要求極高的出場費，根本不願意無償出席。

這時，傷透腦筋的劉社長靈機一動，「死馬當活馬醫」，一方面告訴各大中國媒體，韓國的一線明星裴勇俊、柳時元、宋慧喬、李英愛等將全員出席（但其實那些大明星根本沒答應出席）；一方面發函所有韓國大型經紀公司，告訴他們這場活動，全中國排名前二十的電視和平面媒體例如央視、湖南衛視、《時尚北京雜誌》《時尚週末》等將全員到期，意思就是：雖然沒有出場費，但你們自己斟酌要不要把握這個最好的媒體曝光機會吧。

結果，當天所有韓國一線的大明星幾乎全員到齊，而中國的媒體知道韓國的巨星會踴躍參與，也出動了最多的採訪資源前來報導，一場可能「出包」的韓流推廣記者會，就這樣冠蓋雲集、辦得風風光光，劉社長當時受到極大賞識，也難怪後來在觀光公社的體系中能平步青雲，一路坐上台灣支社長的位子。

由此可知，**別人永遠沒有義務爲你或你的工作內容做行銷推廣，你必須是自己和自己的工作內容行銷最有力的推手**。希望看到這段文字的各位，能學到其中的精髓，爲自己在職場上創造更多的可能性，用一個又一個的戰功，幫助你坐上朝思暮想的「位子」！

達人錦囊：商場上有很多的交易，其實都可以靠著「無中生有」「買空賣空」的方式促成，重點是你是否做了充足的準備，積極尋找了更多的機會。只要敢想、敢行動，一定能獲得你所希冀的成果。

☑ **延伸閱讀：**

1. 《新行銷聖經》，大衛・米爾曼・史考特著，商周出版
2. 《上班族的談判技巧》，劉必榮著，清涼音文化

台灣年輕人十大危機，你符合幾項？

因爲我在中國大陸、日本和韓國都待過一段時間，特別是韓國，有七年之久，而期間時常回台灣演講，寒暑假也都是回台灣推廣新書、上電視，因此對兩岸三地和日韓兩國的年輕人有著一定程度的了解。

我發現，大陸的年輕人口氣比較大、個性比較敢衝，但忠誠度相對較低，他們容易畫一個大餅給你看，但其實根本做不到。而且絕對不能太早把利益給他們，容易造成他們吃乾抹盡，拍拍屁股走人，甚至鳩占鵲巢的情形發生。我接觸一些在大陸耕耘多年的台幹，加上自己的觀察後發現，大陸的年輕人，因爲思想的箝制和文化的約束，對許多事情「比較不敢做決定與承擔責任」，你在下達命令時，最好不要模擬兩可、不夠精準，否則事情絕對不會如你所幻想的圓滿達成，總會這裡發生點問題、那裡產生點麻煩，而且他們都無法解決，搞得你自己必須跳下去疲於奔命地處理。但當然，大陸人才的兩極化非常極端，優秀的如馬雲、王石等人，都是世界一等一的人才，他們宏圖大略，紀律嚴明，所以能成就一流的大企業，只不過這樣的人才，無論在哪裡，都是少數中的少數。

日本的年輕人，則由於過去將近二十年的經濟泡沫，再加上文化上的保守壓抑，雖然做人做事中規中矩，但總讓人覺得創新不足，喜歡墨守成規，沒有年輕人該有的冒險犯難與衝勁。

韓國的年輕人，則是如同他們的國家的近況一樣，大多拚死拚活地勤奮工作，效率超高，而且特別在文創、設計、演藝等領域展現了高度的自信心，同時他們很團結，擅長打團體戰，在社會結構講究長幼尊卑、兄友弟恭的影響下，都是集體行動，所以團結力量大。但缺點是由於保守文化的箝制，底下的聲音不容易向上表達，仍舊維持著命令由上到下的傳統結構，每個人都戰戰兢兢，必須藉由討好上司和勤奮工作，在組織中慢慢往上爬。

前面講的是一般韓國企業的情形，若是大家耳熟能詳的三星，又有點不太一樣。三星畢竟是韓國企業，當然也有上述那些韓國文化的影子，但在總裁李健熙的改革倡導下，近幾年非常以成果爲導向，支持創新以及任何能提高效率的想法。我自己曾經在韓國與好友Alain打算從事販賣韓國風機到台灣，開發離岸風力發電的經驗，那時接觸到三星重工的員工，從經理到每位小職員都非常優秀，除了英語流利、思路清晰外，特別重視效率，往往上午提到一個需要解決的問題，當天下午、最遲隔天早上就能看到他們提出解答。我對韓國人的效率大感驚訝，也了解到這個企業能在近年征戰世界各地多有斬獲，絕非浪得虛名。

爲了研究三星和韓國企業，我特別閱讀了幾本分析三星成功培養人才的書籍，有一本《三星只教7件事，菜鳥就能變菁英》，其中作者孔炳煥特別提到，三星員工必須要學會的七件事分別是：

1. 執行力
2. 時間管理
3. 目標管理

4. 勤做筆記
5. 強健體能
6. 熱情
7. 人際關係

而這七點，恰恰是任何國際或國內工作人，都應該時時拿來反省和要求自己做到的事。能把這七點都做到，無論你身處任何職場，一定都能獲得主管的青睞，打造屬於自己的成就。如果要我只挑出兩項最重要的重點，我會選擇勤做筆記與執行力。不管是面對客戶還是上司，當你在與他們開會時，總是面露認眞聆聽的神情，同時拿出筆記本時時抄寫，會帶給對方一種無上的「尊重感」，不自覺增加對你的好感與信任。若再搭配克服萬難、勇往直前的執行力，讓上司知道你的成果和進度，那麼你很快就能成爲最被信任的部屬，當升遷的機會來臨時，你就是口袋中獨一無二的最佳人選。

台灣年輕人十大危機，你符合幾項？

說回台灣年輕人的情形，我特別憂心忡忡，因爲我認爲他們有幾個危機：

1. 被父母師長保護太過，沒能好好思考自己要什麼
2. 徒有夢想，卻從未眞的採取行動
3. 嘗試有所作爲，卻容易在遭遇挫折時選擇放棄
4. 夢想太多太大，但沒有從小事、基層做起的耐性
5. 外語能力和專業基本功不足
6. 缺乏禮貌與良好人際溝通的能力
7. 沒有求知若渴的強烈欲望
8. 財務規畫乏善可陳，存不到錢，不會投資
9. 貪圖安逸，眼界狹隘
10. 沒有與世界其他人才競爭的企圖心

以上十條，是我在校園演講「台灣大學生危機」這個主題時的綱要。當然，不見得所有大學生都有上述缺點，的確在台下聽講的人之中，也有積極進取、表現優異的同學，但我往往從某些學生冷漠的反應看到他們潛在的危機。當我們被人批評時，情緒上或許想立刻反擊辯解，但仔細思考一下上述那十條，如果沒有符合任何一項，固然值得慶幸，若是發現有幾條剛好是自己的弱點，那麼立刻採取行動，一定能及早將自己的能力補足，爲自己的職場競爭力做準備。

當每個人的夢想都只是開一家咖啡廳、賣賣炸雞排時，並不是說這樣的夢想不好不對，但這些夢想的背後，很可能只是受了媒體或大環境影響下，年輕人「局限自己潛力與發展後」的夢想。而且說眞的，一個健全的社會經濟體系，不可能每個人都開咖啡廳、賣炸雞排，也絕不可能每個人都成功。如果你早在學生時代或剛進職場時就審視自己的內心，並且時時用上述三星訓練人才的七大要點來提醒自己，便絕不可能只是一個渾渾噩噩、可有可無的存在，而是在職場中平步青雲的那個當紅炸子雞。

達人錦囊：台灣年輕人雖然危機四伏，但台灣社會相對開放多元，思想自由奔放，若是能更有紀律地讓想法付諸行動、用科學的步驟使夢想成真，那麼台灣的年輕人絕對有超越日韓中，甚至把世界其他國家的年輕人拋在後面的實力，千萬不要妄自菲薄。

☑ **延伸閱讀：**

1. 《三星教你做世界一流員工》，文炯振著，中信出版社
2. 《三星只教7件事，菜鳥就能變菁英》，孔炳煥著，大樂文化

不說一句謊，卻能讓自己的履歷嚇死人

在求職時，丟出一份讓老闆或人資主管印象深刻的履歷，是非常重要的一件事。想要寫好履歷，除了可以在網路上搜尋履歷範本，了解基本格式、內容重點外，適當地結合自身的巧思，在不讓履歷看起來過分花俏的前提下，使自己的專長、個性能夠鮮明活脫，引起人資主管的注意，實在是一門深厚的學問。

旗下有《GQ》《Vogue》等知名雜誌品牌的康泰納仕樺舍集團董事總經理劉震紳，在一次與我的專訪中特別提到，當初他在美國紐約攻讀研究所，畢業後尋找雜誌媒體相關工作時，特別將自己的履歷做成一本精美的雜誌，這樣的設計果然一舉奪得了主管們的心，擊敗眾多優秀的競爭對手，坐上了那個人人稱羨的位子。

除了履歷要準備得充分並具備個人特色外，我認爲面試時的心態特別重要。曾在Ｐ＆Ｇ業務部門擔任行銷大將，現爲台灣雀巢零售通路經理的邱柏善，在接受我專訪時特別指出，許多年輕人在面試時，都會表明「我希望可以來貴公司學東西」。但其實公司僱用你，是要你「提出貢獻」，不是讓你來「學東西」。以他自己爲例，當初在面試Ｐ＆Ｇ業務工作前，花了一個月的時間把網路上公司的資料都看完，甚至自己設計了一些主管可能提出的問題，訓練自問自答，例如「爲何不做跟原本所學相關的東西？」「你的哪些能力符合公司業務工作的條件？」那時因爲做了功課，知道公司需要什麼樣的人，於是搬出自己在學生時代與業務銷售有關的種種經歷，說服主管他能迅速上手，所以才很順利地進入了Ｐ＆Ｇ。

而在職場工作了幾年的人，在面試時的態度和技巧又不同了。「你做過哪些職務？」「有哪些貢獻成就？」「過程中培養出那些能力？」「你的優缺點是什麼？」「加入後能怎麼幫助新公司？」……這些問題，才是新公司最關注的。而求職者應該要條列式說明，並且最好有眞實的數據及案例當作依據，方能擄獲面試主管的心。

在書寫履歷時，一定要隱惡揚善，適時地「裝逼」（大陸用語，意思讓自己看起來像個咖），你可以運用技巧，不必說一句謊話，卻讓自己「看起來很厲害」。舉一個我自身的例子。看過我履歷的人，都會對這條經歷感到震驚又感興趣：

「中華人民共和國人民大會堂主持人。」

大家要知道，中國的人民大會堂，就像是台灣的總統府，而且在大陸的嚴格管制之下，一般人不可能進入人民大會堂，更別說擔任主持人了。能站在人民大會的舞台上擔任主持人，大多是非常知名的大陸電視主持人、政商名流，我是憑什麼能擔任人民大會堂的主持人呢？想必有過人之處吧？

答案揭曉了！我正是因爲二〇〇四年「投機取巧」「從容就義」地去香港參加了「海外傑青匯中華」活動，而這個活動恰巧是在大陸「統戰」最高指導原則下所進行的一系列青年活動之一。全國各地類似的營隊都會在活動的最後幾天抵達北京，參加在人民大會堂的晚宴，而每個營隊更要負責一些節目。我在海外傑青匯中華的活動中毛遂自薦，打敗中文不可能好過我的ＡＢＣ，成爲代表海外傑青匯中華的主持人，雖然在台上只負責全場活動一半的主持工作，但那怎麼說也是貨眞價實的主持人啊！也的確在人民大會堂主持過啊！我擁有這樣的經歷，不把詳情全部寫出來，只保留「我曾經站上人民大會堂主持的事實」，就顯得我實力過人、經驗豐富。

類似的履歷，還有一個是我曾經擔任二〇一二年成功大學大師論壇講師的經驗。成功大學每年都會舉辦大師論壇，邀請政商、文化界的名人爲學生開講，分享自己的成功故事，以激勵同學奮發向上。有一年，校方大概是在文化及文創的領域找不到其他優秀講者，又或許其他講師嫌學校的車馬費太低，只好找上我，於是在我的履歷上便多出了這麼一筆紀錄。但要請大家注意的是，一般人若是有類似受邀擔任講者的經驗，頂多大概就是這麼寫：

「二〇一二年擔任成功大學大師論壇講師。」

這麼寫好像有點厲害，因爲畢竟有「大師」兩個字，但還是無法讓人知道你到底有多厲害。

我是這麼寫的：

「二〇一二年，與總統候選人蔡英文、中研院院士曾志朗共同受邀，擔任成功大學大師論壇講者。」

大家看，這麼一寫，是不是看起來就厲害多了？我馬上就升級，成爲與民進黨前黨主席、又擔任總統候選人與馬英九廝殺的蔡英文女士，以及曾任教育部長、現爲中研院院士的曾志朗教授同一等級。台灣人一看這樣的履歷，應該會知道我是「高攀」了他們，但若我申請的是國外工作，對方一看到這樣的資歷，豈不是嚇一大跳，對我肅然起敬？我被錄取的成功率將大爲提升。

而事實是，我跟蔡英文女士、曾志朗教授的確都是那一年成大大師論壇的講者，但我們被安排在一個星期裡的不同天啊！不過事實就是事實，我只是把眞實、對我有利的部分說出來，並強化能使我顯得與眾不同的地方。

而我的另一個履歷，對於很多中國大陸的朋友來說，就更厲害了。近年我偶爾會受邀到大陸去上節目或授課，主辦單位在行前都會向我索取簡歷，其中另一個讓他們「驚爲天人」的，是我在一九九七、一九九八年兩年連續贏得「全國大專演講比賽冠軍」。因爲他們是大陸人，口口聲聲「一個中國，台灣是中國的一部分」，於是一看到我這條經歷，下意識地就認爲我是和中國大陸「全國」二十二個省、五個自治區、兩個直轄市的青年競爭，擊敗眾多優秀對手後，連續兩年創造奇蹟的演講冠軍。

殊不知，我這個全國演講比賽冠軍，是台灣這個小地方，一個小小的「國父紀念館」辦的演講比賽，雖然有行文到各大專院校，但由於台灣自由的學術及教育氛圍，很多縣市及學校根本沒有派人參加。主辦單位希望校內先舉行預選，由最強者代表該校來參賽，結果我當時就讀的政大，根本沒人報名跟我競爭，我便順理成章地代表政大出賽，又因爲第一年其他學校派出的競爭對手不強，給我僥倖拿了第一名，我食髓知味、「病入膏肓」地自認爲自己應該就是演講界的第一名了，於是第二年又拿了第一名，這才有大家現在看到這個「驚人的履歷」。

所以你看，很多時候，你不必說任何謊話，只要稍微修飾一下，或者強化優點、避開缺點，就能讓自己的履歷在眾多競爭者中獨樹一格、脫穎而出。這時千萬別惦記著我們老祖宗「謙虛是美德」的遺訓，說「自己沒什麼」「過去的成就都是運氣好」……我衷心以爲：「**謙虛，是成功者的專利。**」等你眞的獲得像馬雲、周杰倫這樣的成就時，再謙虛地把自己的成就歸功於團隊的努力、父母的栽培，那麼所有人都會爲你的謙虛而喝采。像我們現在什麼都不是、什麼都沒有，謙虛是沒有價值的，**我們該做的，就是靠著「粉飾」自己的履歷，去累積一次又一次的經驗、立下一個又一個的戰功，墊高自己在職場的地位、拉開與競爭對手的距離**，等我們眞的成功之後，再來謙虛也不遲。

達人錦囊：謙虛是成功者的專利，不是現在什麼都沒有的你，應該每天掛在嘴邊的美德。用自己的實力與適當的美化，幫助你坐上想要的位子、取得更大的成就，那時再將所有的成就歸功於長官的提攜、團隊的合作，你也能在職場步步高升、左右逢源。

☑ **延伸閱讀：**

1. 《世界500強面試指南》，趙巍著，電子工業出版社
2. 《決戰面試》，侯淑媛著，致鼎人資管理顧問公司

如何面對職場上的機會與誘惑？

在職場上，總會遇到一些看起來像機會、本質上卻是陷阱的誘惑，這時看清它的本質，並且將其與自身的價值觀和未來的願景做對照比較，就能決定該爭取還是放棄。

讓我舉一個自己的例子。幾年前，我曾經拒絕過台灣的知名主持人蔡康永！

看我這麼說，你是不是大吃一驚，以爲康永哥對我做出什麼「特別的邀請」而被我拒絕？其實不是的，而是我曾經拒絕過康永哥的節目製作單位某次邀請我上電視。

我與康永哥的結緣，始於某次我去觀賞雲門舞集2的演出，終場時我看到他和朋友們在聊天，心想機不可失，便一個箭步上前毛遂自薦，表明我想上他的節目推廣搭訕的立場，於是後來也促成了我在《志勇智勇電力學校》這個節目中認識林志玲，並把自己的知名度在短期內做了有效推升的美好結果。關於這點，我一直到今天都還是非常感謝康永哥給了我那次機會，否則我的知名度不可能累積得那麼快，推廣搭訕的形象也不會如此正面。

為了堅守原則，寧可不上《康熙來了》

但大家不知道的是，在二〇〇七年底，康永哥另一個更知名的節目《康熙來了》也曾邀請我上節目，但卻被我拒絕了。各位一定覺得很奇怪，既然是康永哥的節目，又是全華人區收視率最高的《康熙來了》，想紅的我，怎麼沒有藉著這次機會，攀向知名度的另一個高峰呢？這豈不是與我隨時毛遂自薦、抓住機會絕不放過的價值觀背道而馳嗎？我拒絕的理由到底是什麼？

原來那天製作單位找我上節目，是想安排一個單元，要我來搭訕許純美小姐，並且示範「如何搭訕認識貴婦」。我的讀者都知道，我在書和演講裡頭倡導的是積極地在愛情和事業上毛遂自薦，並且在這過程中培養出絕對的自信、極佳的溝通技巧，以及面對挫折的能力，抱持誠懇的心、禮貌的態度、合宜的舉止、整齊的服裝儀容，去積極認識自己想認識的人，這也是我所定義的搭訕。「搭訕許純美」「有目的地接近貴婦、最後當上他們的小狼狗」，與我的理念和價值觀差了十萬八千里，我怎麼可能去上節目，做一些我不認同、也不想做的事呢？

即使是能上《康熙來了》如此大的誘惑，因爲跟我的原則牴觸，我還是拒絕了，雖然這似乎讓我的成名和「上位」又得拖延個幾年，但我至今完全不感到後悔。正在看這段文字的各位，是否也願意爲了堅持自己的原則，而放棄極大的誘惑，或者跟自己的欲望進行激烈的鬥爭呢？

面對欲望和誘惑，我選擇了堅持自己的原則，因爲我知道，只有順著自己的本心和初衷，才能大聲說話，抬頭挺胸。儘管一時失去的機會看來可惜，但再好的機會，在我看來也比不上能永遠無愧又驕傲地看待自己。當你試著順應別人的意思，做出以爲能夠討好他人的舉動，卻在過程中失去自己的格調與原則，那麼極有可能事情不會如你所望地順遂發展，反而讓原本喜歡你的人覺得你「變了」，原本就不喜歡你的人更加認定你是個失敗者，遭受一點小小的批評打擊就牆頭草兩邊倒。根據我的經驗，凡是有原則又懂得堅持的人，即使有人不喜歡他，但至少佩服他的堅持；而對他人的意見全盤接受，毫無自身原則的人，則容易成爲笑柄，也失去了別人的尊敬。

從樂壇才女身上學到「堅持自我」的重要

這又不禁讓我想起了在政大念書時的學姊，也是現在流行音樂樂壇的奇葩陳綺貞。綺貞學姊在大學時代就喜歡自彈自唱和創作，也是許多創作大賽的常勝軍，但她的外型不足以成爲偶像、歌聲沒能驚爲天人，創作的歌曲聽起來又不是那麼流行從眾，因此不只是唱片公司的製作人，連她自己的母親都認爲她最好轉行、不要再做音樂。

可是今天的陳綺貞，出道十五年，在小巨蛋的演唱會一開就是四場，場場秒殺，唱片市場處於如此不景氣的環境下，她的銷售量還能成長百分之三十。她在一篇專訪中提到，能夠創造如此的佳績，正是因爲她**認清了自己的不足、了解自己的弱點，不尋求逆轉，反而是把握自己既有的能力，從中發展出超越極限的可能**。例如她知道自己的手太小、吉他技巧也沒好到神乎其技，那麼既然只能彈簡單的和弦，就用簡單的和弦來進行創作。她因爲走自己的路，堅持自己的風格，並且沒有放棄，才創造了這個讓人嘆爲觀止的「陳綺貞奇蹟」，我在幾年前一場演唱會上看到她的歌迷如痴如醉的表情，眞是替學姊感到高興又驕傲。

職場中的你也是一樣。也許你會看到一些看似機會的誘惑，也許你會因爲自己的天賦、實力不夠而有想放棄的念頭，但這個時候，想想我和陳綺貞的故事，相信你也能夠拒絕誘惑，只因爲你知道自己眞正要的是什麼；也能夠永不放棄，在既有的基礎與能力上持續耕耘，一步一腳印地堅持做下去，讓其他人看到。那麼就算達不到原本預設一百分的成績，有個八十分或九十分，也早已讓你在職場奠定了其他人望塵莫及的地位。

史蒂芬．柯維在《與成功有約》中，分享了所謂全方位成功的七大準則，分別是主動積極、以始爲終、要事第一、雙贏思維、知彼解己、統合綜效，以及不斷更新，而在後來的《第8個習慣：從成功到卓越》中，更提到了傾聽自己內心的聲音，讓熱情結合天賦及價值觀來推動前述七大準則，實現眞正的完美人生。看到這裡，大家是否發現，我前面提到的職場工作人的心態和方法，似乎也與柯維的八大準則不謀而合、息息相關？

這是因爲所有「成功的法則」，其實都有著高度的共通性，雖然使用的文字、表現的方式和提到的例子不盡相同，但背後的精神卻是一致的。而所有的「職場招數」，又應該以正確的原則爲依歸，否則枝繁葉茂的毒蘋果樹，終究還是棵毒蘋果樹。在職場往前衝的同時，別忘了時時拿這八條準則來回顧、反省，在遭遇困惑與誘惑時，也據此做出最明確的決定。

達人錦囊：如果遇到機會與自己的原則相衝突時，想辦法透過微調，讓機會與自己的原則有共同並存的可能；但若兩者完全牴觸，一定要選擇原則，因為一個人失去了原則，不僅容易失去原本的基礎，連未來可能的機會都不會再降臨。

☑ **延伸閱讀：**

1. 《發現天賦之旅》，肯・羅賓森著，天下文化
2. 《高效能人士的執行4原則》，麥克切斯尼著，中國青年出版社

共好，讓自己發揮正面影響力

許多人也許不了解我爲什麼會想當主持人？是因爲覺得自己天生就有那個天賦？後天培養能力足夠勝任這個工作？抑或是想要享受能在舞台上發光發熱的榮耀？還是羨慕全世界以及台灣的知名主持人歐普拉、蔡康永、魯豫等人名利雙收，而興起「有爲者亦若是」的雄心？

說到想要當主持人這件事，其實可以回溯到我國小六年級那年，我就讀的石牌國小好像發生了什麼事，有幾家媒體前來採訪。學校相當重視媒體的報導，當然不可能讓校園中的小朋友隨機被媒體「抓住」受訪，講出出乎學校意料的答案，於是特別交辦各班的老師，先找好一兩位比較會表達、被媒體採訪時不容易因爲緊張而亂說話的同學，隨時準備好，等記者要採訪時再集合在一起接受訪問。

當時好友育賢立刻跟我說：「匡宇，快舉手說你要去啊！你平常那麼『愛現』，這不是大好良機嗎？可以上電視耶！」在那個只有三家電視台的年代，能上電視是一件多麼了不得的事，許多小朋友都搶著舉手，但老師和同學都很訝異，平時活潑外向的我，竟顯得一點興趣也沒有，拱手就把機會讓給了其他同學。

後來媒體眞的來了，被選好接受採訪的小朋友一字排開，圍著全校功課最好、老師最喜歡的那兩位男女同學，由他們兩位代表接受媒體的提問，雖然只能回答個一兩句話，但總好過後面那些只能跳起來或踮著腳、希望鏡頭能帶到他們零點五秒的「背景龍套」同學。

育賢事後問我：「匡宇，我眞的很好奇，這麼好的機會，你怎麼不去呢？」

我回答他：「我當然想上電視，但我要的是一群媒體記者圍著我採訪，而不是成爲那個站在受訪主角後面說不了話、鏡頭也帶不到的人。」

多年以後，當我開始在台灣推廣全民搭訕運動、成爲作家、當了媒體邀請的特別來賓上節目時，終於一償夙願，變成那個被眾多媒體遞出麥克風，一個人成爲焦點的「咖」。可見我這想紅、想要被注意的心，不管經歷了多少年，被壓抑了多久，它一直都在！

「共好」概念，「多贏」思維

我眞的從小就想紅！但在很小的時候或許只是爲了出風頭、上鏡頭。等我慢慢長大、自我提升了之後，更多的是爲了做一件特別的事，發揮正面的影響力。紅了以後，伴隨著名氣而來的，通常就是利益，以及一些無可避免的麻煩，所以前面提到那些享受掌聲、名利雙收的快樂，當然也讓我心動，只不過我知道，我有更重要的事情要做。

我想當的主持人，可不會硬要搞笑，或者憑藉著油嘴滑舌來貶低特別來賓、製造笑點，甚至用低級的趣味惡整藝人。我目前規畫了兩個節目，一個是創業節目，一個是兩性節目，兩者企畫的方向與呈現的方式，都在於能讓上節目的來賓，爲自己做最好的宣傳與呈現。

以我想要做的創業節目爲例，參考了其他節目的手法，加上一些創意，用各種有趣的方式，讓上節目的創業家，能以最好的方式來陳述他的創業理念、過程中遭遇的困難、克服逆境提高格局的方法、周遭親友的看法……甚至在節目中開設「藝人創業診療室」的單元，請這些成功創業家爲已經創業或想創業的藝人提供突破經營瓶頸的處方籤，等於是又有創業家的深度，又有藝人知名度的加持。

像這樣一個節目，受訪的來賓能夠以最好的方式呈現自己的故事，透過分享來回饋這個社會；看節目的觀眾能夠深受啓發，激起他們創業的雄心，並且爲將來可能遭遇的挫折打好預防針；而我只要能把這個節目做好，來賓開心、觀眾愛看，我的名氣自然就無遠弗屆，甚至還能拿到金鐘獎等大獎，又再推升了自身的品牌價值。這種「你好、我好、他也好」的「共好」概念，正是我想當一個主持人、並且持續不懈的理由。

而爲了當上這樣一個主持人，必要的努力和招數也是不可或缺的。演藝圈人才濟濟，優秀的前輩又那麼多，我憑什麼脫穎而出？這也是我爲什麼持續寫作，並且將出版內容橫跨兩性關係、自我激勵、情緒管理、外語學習、國際工作等不同領域的原因。當我能夠提供的內容越多元豐富，那麼被賦予上台、成爲主持人的機率也越高，也越能讓競爭對手望塵莫及。

而我的中英日韓四國語能力，更是我尋求突破的一把利刃。在台灣，知名的主持人很多，能講英語的主持人也不少，但能講英語和日語的便屈指可數，還會講韓語的，大概就只剩我一個人了。我持續精進英日韓這三國外語的能力，等於就是讓自己未來在競爭國際主持人或大型頒獎典禮時，一下子就能脫穎而出，得到主事者的青睞。這便是我爲什麼至今即使再忙，每天也都會抽出三十分鐘到一小時，在英日韓這三國語言上下功夫的原因。

想要在職場發光發熱的你，注意到這背後的邏輯了嗎？人的夢想，都是逐漸被「養大」的，我也是在求學和工作的過程中，**不斷探索自己的天賦、熱情，培養自己的興趣、能力，讓這四樣東西能巧妙地結合在一起，找尋適當的突破點使自己的努力與成就被看見，並尋求利己、利友、利他的共贏局面**。若能保持這樣的想法，並時時用它來當作行動的準則，那麼你也一定能在職場累積實力的同時，贏得好人緣，帶給更多人正面的影響力。

達人錦囊：想在職場占有一席之地，具備獨一無二的專業，是所有成功的基本功。具備專業以後，抱著「利己、利友、利他」的信念，去尋求更大的舞台、發揮更大的影響力，反過來又能墊高自己的地位，這是一個工作人必須具備的多贏思維。

☑ **延伸閱讀：**

1. 《樂在工作》，丹尼斯·魏特利、芮妮·薇特著，天下文化
2. 《共好！》，肯·布蘭佳、雪爾登·包樂斯著，哈佛企管

如何坐上夢寐以求的位子？

不知道你是否也有過和我一樣的心情？

當我看到電視或報紙報導某場活動、某個頒獎典禮，主持人是那些大家耳熟能詳的藝人時，心中都會有一個聲音：「爲什麼不是我？我才應該是站在台上的那個主持人啊！」

你一定也有過類似的心情。看著你最想做的工作、最想坐的位子，但卻是被前輩甚至是同輩占著，心中想必不好受。但不好受歸不好受，如果只是抱怨甚至是嫉妒，對於改善現狀、讓自己坐上那位子根本於事無補。到底應該做些什麼，才能讓你坐上那個夢寐以求的位子呢？

針對這個問題，我思考了許久，也不斷地採取行動，試圖讓自己更靠近那個大位。我發現，可以從以下幾個步驟來著手：

1. 認清自己的價值與強項

以我個人來說，目前的主持人這麼多，如果我想當主持人，就一定要認清自己與眾不同的價值與強項。我擁有博士學位，能講中英日韓四國語言，那麼就應該從外語相關的主持活動下手，而不是直接從綜藝或搞笑的的節目來切入。由於我個人的特質並不屬於非要搞笑不可的風格，比較適合的是有點深度、但又能用幽默的方式來表達想法的場合，於是比較正式、但又需要輕鬆幽默的活動或節目，就是非常適合我的場子。

2. 讓自己的能力被看見

而爲了讓自己的能力被看見，又可以從以下幾個方向來進行。首先是繼續不斷地出版著作，讓社會大眾即使不能在電視上看到我（因爲沒有名氣、不是藝人，所以電視邀約不多），至少在網路書店每三個月都會看到我的新書上架，並持續曝光一個星期。

有了書以後，便容易上廣播或電視節目，接受訪談，畢竟這些媒體最需要的就是內容。而我如果能讓自己的出版品涵蓋兩性、自我激勵、情緒管理、語言學習、海外工作甚至是親子教育等多元化議題，被邀請上節目的機會就越多，曝光率一高，名氣的累積也越快。

再來是一步一腳印地到學校以及企業演講。台灣地區目前有一百六十二所大學、高中和技職學校更是不勝其數，以每個學校平均三千人來看，若是我每年能把所有的大學和高中都跑一遍，連續跑個三年，想要沒有名氣都很難。如果沒有媒體要找我上節目，那麼透過這種下鄉環台的巡迴演講，未嘗不是一個累積名氣的好方法。

搭配前面說的出書、上節目和演講，我還應該主動打電話，帶著我的書，拜訪承接大型活動、特別是外語活動的公關公司。這些公關公司或許因爲客戶要求以及名氣大小的關係，大部分的場子還是想找知名主持人或藝人出席，但總有一些需要日韓文、線上主持人應付不來，或者知名主持人要求的經費太高、超出他們預算的情形，這時看到我的學經歷、不算太高的價格以及好配合的態度，給我一次機會「試試」的機率就非常高。只要能把握一次又一次的機會，成爲固定班底，被公關公司推薦給客戶的機會就越來越大。

3. 找到能夠提供幫助的貴人

其實上述方法我一直有在做，但覺得效果有限，因爲名氣不夠，再加上我過去的七年，每年等於有一半時間必須待在韓國，因此一直沒有達到我的期望。這也是我爲什麼和伊林娛樂簽約、並辭掉韓國工作，回到台灣專心打拚的原因。在我看來，背後擁有三立和旺旺中視集團資源的伊林，媒體實力堅強，一定能在演藝圈曝光上助我一臂之力。

但這還是不夠，要讓人看見我與其他主持人的不同點，還要更加適合的平台，畢竟演藝圈很少有需要講英日韓三種語言的場合，電視媒體又不需要太有深度的內容，只希望你「直接又有效果」。於是我主動打電話給天下雜誌社，因爲我知道他們旗下的《天下雜誌》與《Cheers》雜誌，時常舉辦許多關於產業、職場以及國際性的活動，剛好與我個人的調性十分符合，能夠展現我正經與幽默並存的特質，並且需要外語在活動進行時加以輔助。當我主動連繫他們後，果然與活動承辦人一拍即合，以後的合作可期。這樣的合作，對於正面形象的累積可說是一大助力。

4.厚植自身的實力

前面提到的三點固然重要，但更重要的是必須厚植自身實力，畢竟自身的價值以及別人是否願意爲我的價值買單，需要的都是自己先有充分的實力這個前提。這也是我爲什麼每天都會抽出至少半個小時到一個小時，在英日韓文上面下功夫，並且把康永哥、佼哥、瓜哥、春華姊和小燕姊的主持風格做深入研究的原因。唯有想像自己就是他們，並模仿、學習他們，才能爲日後類似的主持機會做好準備。等到機會來臨時，緊緊抓住，絕不放開，並且一個增生一個，終於達到我亞洲第一主持人的大夢。

看完了我的例子，在職場中的你不也一樣嗎？若是想坐上那個你夢寐以求的位子，一定要先認清自己的特長與價值在哪裡，並且想方設法、見縫插針地讓自己被看見。李嘉誠在他從事人生第一份工作時，就是因爲平日在工作之餘把英語學好，有次外國客戶來時，剛好翻譯員不在，他抓住機會展露實力，不僅化解了一次危機，也得到老闆的信任，慢慢委以更多重任。

而所謂的「被看見」，指的是如果你從事的工作屬於業務性質，例如保險或銷售汽車，那麼每天至少打三十通電話，拜訪三位客戶，就是你該做的事。我爲了讓更多人認識我、聽我演講，會拿起《四季報》來，一家一家地打電話。事實證明，打十家，至少會有一家邀請我去演講，而且這個比例會不斷攀升，因爲當我去過聯電演講之後，就會告訴台積電說我已經去過聯電演講，台積電比較容易因爲看到我曾經去過類似的大公司演講而買單，而去聯電和台積電演講完，又可以因此而「撈到」廣達及華碩的演講。人，都是喜歡追逐「別人也有的東西」，利用這樣的從眾心理，當你有了兩個客戶，就容易吸引到二十位客戶，之後兩百位客戶這個數字，也不再遙不可及。

如果你還在基層，那麼你的頂頭上司或部門主管往往更會是你的貴人。基本上只要他們會的，你都應該會，並且還要想辦法觀察出他們的弱點，讓自己的能力剛好能補足他們的弱項，這樣他們便容易覺得你是不可多得的人才，而想要好好重用提拔你，即使他們日後被挖角到不同公司，也會希望帶著你這位愛將同行。我一位在銀行業工作的朋友，就是這樣被他的老闆帶去另一家公司成爲副總，而因爲部門的人力十分精簡，幾年後他的貴人老總因爲個人事業規畫辭職，他立刻扶正成爲總經理，比起其他同年齡的人，等於早了五年坐上這個位子，羨煞不少旁人。

而厚植自身實力，更是你必須每天念茲在茲、時時提醒自己的志業。許多人都忘了，以爲自己是在企業幫別人打工，其實你從頭到尾都是在爲自己工作！**你每天花的是自己的時間和精力，看起來好像在爲公司賺錢，但你何嘗不是在累積自己在業界的經驗？那些都是別人奪不走的資產**。有了這樣的心理建設，每一位職場人應該都會勤奮、聰明地工作，因爲你的位子雖然會換，但那些能力，絕對是能陪伴你一生的寶藏。

達人錦囊：想坐上那個夢寐以求的位子，就要付出比現在坐在那個位子的人更多的努力！想想你自己的優勢是什麼，讓那些優勢能「自然地」被看見，把事情做到最好，連主管都想自願當你的貴人提拔你！

☑ **延伸閱讀：**

1. 《杜拉拉升職記》，李可著，樸實文化
2. 《不使壞，照樣升遷》，凱莉．梅森、崔芬著，中國生產力中心

〈後記〉機會要靠自己創造

記得我在二十五、六歲時也想過，自己外語實力堅強，辦事能力也在一次又一次的活動中被證明，只要有人願意給我機會，絕對可以掌管一整個部門、領導一家公司，無論它是本土企業還是外商公司，應該都是我能盡情揮灑的戰場。

但後來我的想法大大地改變了，因爲我們心自問：爲什麼老是想著「要別人給我機會」呢？老想等著別人給你機會，若是沒人給你機會呢？

這種「等待別人給機會」的心態背後，有兩個危險的潛在想法。第一是以爲某天會有一個好工作和好機會從天上掉下來。問題是在現實世界中，所有我看過的好機會，都是當事人積極去爭取得來的，而能夠積極爭取到的原因，是因爲當事人不僅平時就努力累積實力，更懂得在機會出現時緊緊抓住，這兩者缺一不可。

第二個等待別人給機會背後的危險思維是，大部分會這樣想的人或許都忘了，那些你目前看到占著位子、擁有資源的人，都曾經從非常基層的地方爬起，被長官釘得滿頭包，或者全部門只剩他一人，在百廢待舉中建立制度、擴編增援，用表現和戰功贏得公司領導人的信任，最後才被賦予更高的位子、擁有更多的揮灑空間。這些都是一步一腳印走出來的，沒有這些過去的努力和經驗，投資人和公司老闆憑什麼相信你有這個能力，來替他們營運一整家公司或一個市場呢？

所以，別再有「我在等待一個機會」這種念頭了，你應該做的，是不斷做好眼前的事，處理好手邊的工作，但在心中保有一個更高的目標。所有的努力，都爲了服膺那個最高目標，然後在看到千載難逢的機會時，透過毛遂自薦或技巧性地被看見，而被委以重任，讓自己多年來累積的功力適當地發揮。

我自己打從出版第一本書開始，就是靠著毛遂自薦的方式，找到出版社願意出版我的書，然後搭配書籍這個最好的「名片」，拿起電話，撥給一家又一家的民間企業、接觸一家又一家的電視公司，才爲自己贏得演講的場次和上電視節目的機會。

我心中的盤算，正是「自己給自己創造機會」，並且將這個業務行銷和陌生開發的經驗，當作我最厲害的資產和武器。若是靠著這樣的努力，能把自己推升到和台灣的蔡康永大哥或大陸的知名主持人孟非這樣的境界，豈不是最好的銷售大師與行銷高手？隨著我的業務量越來越多，未來勢必得把這個 know-how 教給我僱用的員工，如此等於一方面擁有銷售的技巧，一方面又有訓練組織的經驗，這樣的人，不賣「鄭匡宇」這個品牌，一樣可以銷售其他的品牌，並且能用實績來說服雇主，墊高自己在職場的地位。

其實我會這麼努力地毛遂自薦，並且在過程中累積陌生開發、說服客戶的能力，一開始也不是自願的。實在是因爲我主動接觸了王偉忠、薛聖棻、侯文燕等演藝圈的大哥大姊，但「他們都不鳥我」啊！沒有這些金牌製作人和經紀人的加持，我只好靠自己一步一腳印地開拓知名度，又爲了討生活，開發一場又一場企業與學校的演講，結果反而把自己的銷售力、說服力與執行力，甚至是舞台的表現和臨場反應給同時訓練起來，成爲自己在職場上別人搶不走的競爭力。這不正是「不等待別人給我機會，自己創造機會」的最佳例證嗎？

最後，我還要再與大家分享一個很重要的觀念。不知道你是否也有過類似的念頭？我在學生時代看過許多報導，裡面提到一些成功人士，在四十歲左右便達到財務上的自由而早早退休，每天過著閒雲野鶴的日子，天地遨遊，好不快意。我當時就告訴自己，未來也一定要及早達到這個目標，同樣以四十歲作爲自己退休的時間點。

結果，我在差不多三十三歲那年就已經「類退休」了，除了韓國大學教書一週只要三個工作天，卻領快十二萬的薪水以外，若加上我在台灣、大陸及新馬香港地區的出書版稅，等於一個月「閒閒沒事」，卻有差不多二十萬左右的月收入，自由自在得不得了。

但，當我擁有這樣的生活時，我的想法卻改變了！隨著我不斷地出版《你就是自己的激勵達人》等各種暢銷書，以及大家正在閱讀的這本《不要臉，不怕死，這世界就是我的！》，我告訴自己：「這輩子我永遠都不會退休！」不退休，不是要勞心勞力「做到死」，而是我赫然發現，一個人唯有「不斷地行動」，才能發現自己的存在感與價值感，過早地自由自在、什麼都不做，反而容易不快樂，對人生意興闌珊。或許我可以不必為了餬口而工作，但我要為了自己的興趣、天賦和熱情去工作，並且把正面的影響力帶給更多人。

我在大專院校演講時，常有讀者跑來握著我的手，說從高中時代就接觸我的書，並且照做，能夠有今天豐富精采的校園生活和感情生活，都是拜我之賜。這些鼓勵，正是不斷推著我積極向前，並轉換成文字鼓勵更多人的動力。我不僅不會退休，還將一直寫下去、講下去，直到沒有人想再買我的書、再聽我的演講，我還會像陳式武先生一樣「自己寫的書自己賣」，拄著拐杖、坐著輪椅，都要讓更多人被我感動、影響。

你也是啊！當你已累積豐富的世界觀和職場經驗，卻因年紀大了而退休，真是太可惜了。請一定要像我現在一樣，把自己的經驗和智慧，透過寫作、演講、公益、分享的方式，讓更多人知道，鼓勵他們。讓青年朋友知道，沒有人天生就是國際工作人、隨隨便便就能走出台灣、放眼世界，而是靠著怎樣的努力來強化外語能力，憑著怎樣的技巧來說服老闆下放更多的權力，藉著怎樣的運籌帷幄來墊高自己的競爭力，用什麼方法來拓展人脈，打造事業上合縱連橫的契機，這些經驗的分享，不僅能夠激勵其他年輕人，更能激勵你自己，強化你的價值觀與存

The Eurasian Publishing Group
圓神出版事業機構
用心與你對話・視野無限寬廣
方智出版社
Fine Press

http://www.booklife.com.tw inquiries@mail.eurasian.com.tw

生涯智庫 124

不要臉，不怕死，這世界就是我的！

作　　者／鄭匡宇
發 行 人／簡志忠
出 版 者／方智出版社股份有限公司
地　　址／台北市南京東路四段50號6樓之1
電　　話／(02) 2579-6600・2579-8800・2570-3939
傳　　真／(02) 2579-0338・2577-3220・2570-3636
郵撥帳號／13633081　方智出版社股份有限公司
總 編 輯／陳秋月
資深主編／賴良珠
專案企畫／吳靜怡
責任編輯／柳怡如
美術編輯／李家宜
行銷企畫／吳幸芳・陳姵蒨
印務統籌／林永潔
監　　印／高榮祥
校　　對／賴良珠
排　　版／杜易蓉
經 銷 商／叩應股份有限公司
法律顧問／圓神出版事業機構法律顧問　蕭雄淋律師
印　　刷／祥峰印刷廠
2014年4月　初版

定價 270元　ISBN 978-986-175-347-8

你本來就應該得到生命所必須給你的一切美好！
祕密，就是過去、現在和未來的一切解答。

——《The Secret 祕密》

國家圖書館出版品預行編目資料

不要臉，不怕死，這世界就是我的！/ 鄭匡宇 著.
-- 初版 -- 臺北市：方智，2014.4
224面；14.8×20.8公分 --（生涯智庫；124）

ISBN： 978-986-175-347-8（平裝）

1. 自我實現 2. 成功法

177.2 103002688